人力资源和社会保障业务随身读

社会保险经办风险控制

中国国家人事人才培训网　组织编写

中国劳动社会保障出版社

图书在版编目（CIP）数据

社会保险经办风险控制 /中国国家人事人才培训网组织编写. —北京：中国劳动社会保障出版社，2017

ISBN 978-7-5167-2877-2

Ⅰ. ①社…　Ⅱ. ①中…　Ⅲ. ①社会保险 - 风险管理 - 中国 - 干部培训 - 学习参考资料　Ⅳ. ① F842.61

中国版本图书馆 CIP 数据核字（2017）第 080406 号

中国劳动社会保障出版社出版发行

（北京市惠新东街 1 号　邮政编码：100029）

*

三河市潮河印业有限公司印刷装订　　新华书店经销

889 毫米 × 1194 毫米　48 开本　3.5 印张　100 千字

2018 年 1 月第 1 版　　2019 年 6 月第 2 次印刷

定价：12.00 元

读者服务部电话：（010）64929211/84209101/64921644

营销中心电话：（010）64962347

出版社网址：http://www.class.com.cn

本书编辑委员会成员

目录

contents

第一章 社会保险经办风险防范

DIYIZHANGSHEHUIBAOXIANJINGBANFENGXIANFANGFAN

经过 20 多年的改革，我国基本构建起与社会主义市场经济体制相适应的社会保险体系，社会保险经办管理逐步走上“规范化、信息化、专业化”轨道，其风险防范建设也经历了从无到有和逐步健全完善的发展过程。社会保险经办风险防范的设计与实施应紧紧围绕实现社会保险经办管理目标，即保证社会保险基金运行的安全与完整而进行。

本章主要介绍经办机构风险防范——特别是经办机构内部控制的含义与作用、社会保险经办管理风险类型，以及部分地区社会保险经办管理内部控制实践情况；探讨经办机构风险防范的发展趋势。

第一节　经办机构风险防范的含义

经办机构风险包含多个方面，比如人为风险、欺诈风险、信息风险等。经办机构风险防范强调风险控制，特别是内部控制。内部控制是指经办机构针对本系统内部职能部门及其工作人员从事的社会保险经办管理服务活动制定一系列管理程序和制度，从而确保社会保险法律法规以及国家社会保险政策的贯彻执行，维护社会保险基金的安全和完整，保证各项社会保险信息数据的真实性、准确性和可靠性，避免和降低各种经办风险，最终促进社会保险经办管理目标的实现。

经办机构风险防范的内涵可以从以下几个方面理解：

1. 经办机构风险防范的主体

主要指承担直接和间接责任的单位和个人，即与社会保险统筹层次相对应的经办机构和人员。

2. 经办机构风险防范的目标

实现有效控制基础上的社会保险事业的持续发展，即始终与社会保险经办管理服务发展的目标保持一致。

3. 经办机构风险防范的客体

指全部的经办管理活动，包括经办管理者和经办操作者、经办管理的各个组成部门、经办管理机构的所有资产、经办管理的信息载体和信息处理，及经办管理的所有业务活动。

4. 经办机构风险防范方法

主要有组织机构控制、业务运行控制、社会保险基金财务控制、信息系统控制、监督检查控制等五大类。

第二节 经办管理工作特点与风险类型

一、经办管理工作的特点

社会保险不同于其他社会事业，其工作性质的独特内涵使其具有十分鲜明的行业特点。

（一）经办管理的周期长

从宏观层面看，社会保险是现代社会所必须建立的基本社会制度，与工业社会相生相伴，是一项必须长期发展的社会事业；从微观层面看，社会保险是针对劳动者的生、老、病、死的状态而设立的，管理周期可以长达百年。

（二）服务对象的广泛性

社会保险是集合社会力量保障社会安全的社会事业，要通过“大数法则”实现社会风险的共担，必须依法要求所有符合社会保险法律法规条件的人参加社会保险和履行缴费义务。

（三）业务管理的复杂性

社会保险业务管理的复杂性是由社会保险经办管理工作的长期性和广泛性以及社会保险项目的多样性所决定的，因此需要一套完整、严密的管理制度和信息系统，以及开放的管理系统。

（四）管理的信息安全等级高

社会保险信息是社会保险经办的核心资产，如果社会保

险经办信息出现差错、丢失等系统安全问题，将直接影响为参保对象正确记录权益和支付待遇，甚至危及社会保险基金的使用安全。

（五）管理的社会保险基金影响大

社会保险基金是建立社会保险制度的物质基础，具有建立的强制性、来源的广泛性、使用的严格性、给付责任的长期性和保值增值的艰巨性的特点。社会保险基金遭受到的任何风险和损失，都会引起社会的广泛关注和震动。

二、经办管理风险类型

经办管理内部控制解决的是社会保险经办管理运行中的内生风险，主要包括：控制环境风险、业务操作风险、社会保险基金财务管理风险、技术保障风险和道德操守风险。

（一）控制环境风险

经办机构控制环境风险，是指由经办机构的组织结构设置、管理层控制意识、内部控制制度、员工队伍素质状况等一系列相互关联的人文因素造成的风险的总称。控制环境是经办机构内部控制的基础，其风险主要表现在三个方面：

1. 组织结构的设计不利于信息传递

多数经办机构采用的行政化的多层级组织机构模式易出现信息失真、有令不行、有禁不止以及内控监督管理效能低下的问题。

2. 以诚信和道德价值观为主体的组织文化建设薄弱

许多经办机构忽视以诚信和道德价值观为主体内容的组织文化（亦称内控文化）建设，这削弱了内部控制活动效果。

3. 人力资源管理状况与承担的职责任务不相匹配

全国社会保险经办系统缺乏统一规范的职位体系设计，缺乏有约束性的中长期不同职级和覆盖各专业职务的岗位培训与人才培育开发规划，缺乏科学的人力资源绩效考核机制

和激励机制。这导致部分人员素质与经办管理服务的工作效率和质量标准不相适应。

（二）业务操作风险

经办机构业务操作风险，是指经办机构业务经办人员未按照政策规定或业务流程、业务规程办理业务，最终给社会保险业务运行造成直接或间接风险的总称。从实践看，业务操作风险主要包括：

1. 因流程设计引发的业务操作风险

因流程设计引发的业务操作风险主要是业务流程设计不严谨、不科学，给经办操作埋下风险隐患。例如，有的经办机构授权一个业务经办环节（岗位）办理参保登记审核、信息录入和变更信息维护，没有设置复核（复审）环节等，这极易产生经办失误、错办或故意违规的现象。

2. 因个人因素引发的业务操作风险

因个人因素引发的业务操作风险是指由经办机构业务岗位人员的责任心不强、政策观念淡薄、个人业务素质不到位，以及身体疲劳等非故意因素导致的业务操作风险。

3. 因外部环节引发的业务操作风险

因外部环节引发的业务操作风险主要是来自外部的一些欺诈行为，如外部人员采取欺骗手段冒领社会保险待遇和瞒报参保缴费基数等。如若不能及时控制就会将外部风险变成内部业务操作风险。

（三）社会保险基金财务管理风险

社会保险基金财务管理风险主要包括：财务人员未按制度及时将收入户的社会保险基金转存到财政专户，或未及时计算转存到期社会保险基金的本息；未做到各险种社会保险基金专户存储和专款专用，存在相互拆借使用或被挪作他用的问题；社会保险基金被个人贪污侵占，造成经济损失。

（四）技术保障风险

经办机构技术保障风险，是指由经办机构的信息系统、网络、通信系统等信息化技术保障平台引发的危及业务经办正常运行，最终危及社会保险基金完整与安全的风险因素的总称。技术保障风险主要有：

1. 硬件系统的先天性不足

主要指缺乏足够的保障支撑能力，直接危及社会保险经办业务运行和数据存储的完整性、精确性。

2. 应用系统设计存在缺陷

主要指导入接收数据有误，运算社会保险待遇达不到规定的标准，业务流程缺失复核复审确认控制环节等。

3. 适时堵塞系统漏洞困难

经办机构普遍没有自己的信息管理部门，又缺乏对应用系统开发的参与，导致实际工作中不能适时独立维护信息系统，影响业务经办的顺畅运行。

（五）道德操守风险

社会保险经办道德操守风险，是指经办人员在履行岗位职责过程中，因故意违反社会保险法规或职业道德，给经办管理运行造成不利影响或造成基金损失行为的总称。其具有潜在性、隐蔽性和破坏性大的特点，控制难度最大。

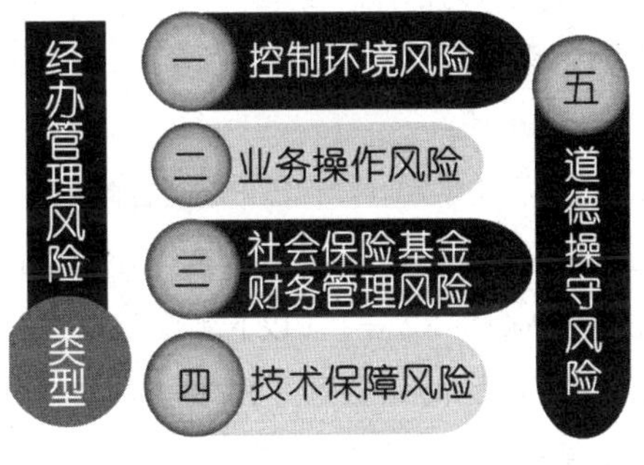

第三节　经办管理内部控制实践

一、我国经办机构内部控制的相关政策法规

进入全面综合控制阶段以来，国家加快健全社会保险制度体系建设，出台了一系列的政策法规。

2007 年，劳动和社会保障部颁布实施了《社会保险经办机构内部控制暂行办法》（劳社部发〔2007〕2 号）（以下简称《暂行办法》）。《暂行办法》明确了经办机构内部控制的目标、内部控制应遵循的原则和内部控制的主要内容，标志着社会保险经办内部控制工作由过去单一的财务控制阶段、内部审计和业务规范阶段，转向了全面综合防范风险的新阶段。

2009 年，人力资源和社会保障部社会保险事业管理中心下发了《社会保险经办机构内部控制检查评估暂行办法》（社会保险中心函〔2009〕32 号）（以下简称《评估办法》）。《评估办法》不仅提出了开展经办机构内部控制检查评估应达到的目标，更重要的是从组织机构控制、业务运行控制、社会保险基金财务控制、信息系统控制和内部控制监督检查五个方面提出了具体要求。

2012 年，财政部下发了《行政事业单位内部控制规范（试

行）》（财务〔2015〕21 号），明确了行政事业单位的风险评估和控制方法，对单位层面内部控制和业务层面内部控制给出了具体的规范说明。

为认真贯彻落实十八届四中全会精神，针对《行政事业单位内部控制规范（试行）》颁布实施以来出现的问题，2015 年，财政部下发了《关于全面推行行政事业单位内部控制建设的指导意见》（财会〔2015〕24 号）（以下简称《指导意见》），明确了健全内部控制体系，强化内部控制流程，加强内部权力制衡，规范内部权力运行等内部控制的主要任务。

为切实落实好《指导意见》，财政部于 2016 年颁布了《关于开展行政事业单位内部控制基础性评价工作的通知》（财会〔2016〕11 号），并下发行政事业单位内部控制基础性评价指标、评分表，要求以量化评价为导向，推动开展单位内部控制的基础性评价工作。

二、部分地区内部控制的优秀经验做法

（一）天津市社会保险基金管理中心改革经办模式，创造良好内部控制环境，同时注重建立信息沟通渠道和强化内部控制方法与措施，使内部控制管理落到实处

1. 创新经办模式，优化内部控制环境

天津市社会保险基金管理中心（以下简称中心）在实践中探索并形成了“一二三四五”的经办模式。（1）社会保险基金一级结算。市中心通过银行统一收款和支付。（2）业务两级经办。区县分中心面向参保单位和参保个人，具体办理社会保险费征缴、支付等事务；市中心对区县分中心形成的业务数据进行审核汇总，统一向银行或定点医院传输业务信息、划拨社会保险基金。（3）管理三个层面。将经办管理过程分为操作、管理和监督三个层面。其中监督层面负责对内部进行管理。（4）网络四级平台。一级平台为市中心平台，支持各险种社会保险费统一征收、分别支付和办公自动化；二级平台为市中心与人力资源和社会保障部（以下简称人社部）联网的信息网络平台，保障与人社部的信息交换和资源共享；三级平台为市中心与各区县分中心的业务操作平台；四级平台为政府公共机构以及养老金代发机构、定点医疗机构、定点药店等社会服务机构及社区服务站的网络平台。（5）经办五险合一。对养老、医疗、工伤、失业、生育五个险种实行一个基数、一单征收、分别记账、集中管理、统一支付。

2. 加强信息沟通，实现内控工作联动

市中心设计出能在管理层、监督层和操作层之间有效沟通的信息通道。监督层面以在通信平台发布“内控信息”

的方式，将监督检查的具体情况在全面系统内发布，对操作层存在的经办风险进行预警，向管理层提出加强防范的措施，达到检查一家，规范整体，审计一点，带动全面的作用。

3. 加强轮岗和责任审计，强化权力制约

市中心对处级干部三年一次轮岗，对交流中晋升、调任、离任的，以及在原职务岗位主持工作的正、副职处级干部，按规定进行离任经济责任审计。对关键职能处室主要负责人的政策把握、管理筹划和指导分中心经办等方面的能力和履行管理职责情况实施履责审计，达到从源头上规范经办、规避风险的作用。

4. 强化监督检查，促进遵守内部控制制度

在梳理分析业务流程的基础上，授权内部审计部门依托信息系统和局域网，对关键控制点进行实时监控；还在每季度选取不同的风险控制点，并对不同的风险控制点进行一次现场监督检查。

（二）湖南省社会保险局以业务流程控制为核心，探索形成寓内控于业务流程、寓内控于信息系统的内部控制体系

湖南省社会保险局下发了“内控五十条”“经办五必须”“操

作五不准”等规定，对岗位经办提出了内部控制要求。所有业务环节和经办项目只能在信息系统中完成，且每个经办项目必须由两个部门或两个岗位进行初审和复审，经办业务实行“常规业务一事两岗双审、特殊业务特定审批、系统外不留数据、银行外不见资金”，实现“钱从银行走、数据网上流、正常经办按程序、特殊业务设开关”的内控管理模式。

（三）浙江省社会保险事业管理中心整合再造经办流程，积极推行“柜员制”经办模式

浙江省社会保险事业管理中心积极推行“柜员制”经办模式，完善归并业务科室职能，整合再造经办流程规范，改造升级业务信息系统，实现了经办业务的“分段操作、相互制约”。2014 年年底，浙江全省范围养老、工伤、生育、城乡居保领域的市级经办机构已基本实现“柜员制”经办全覆盖。

三、经办机构内部控制存在的突出问题

通过对全国社会保险经办管理实践，尤其是一些违规违纪现象和贪污侵占社会保险基金的违法案件进行分析，总结到经办机构内部控制存在的突出问题有以下三个方面：

（一）内部控制制度体系不健全

一些经办机构忽视了健全内部控制制度体系，没有规定规范的业务经办规程，没有明确的授权审批制度，没有严密的信息沟通与传递的程序和制度，更没有一套发生风险后的有效处置措施，内部控制处于十分粗放的状况。

（二）内部控制缺乏有效的组织保障

一些经办机构内部控制缺乏有效的组织保障，如县一级经办机构普遍没有专设的稽核（审计）部门，未形成决策、执行、监督三方合理分工和相互制衡的权力约束机制。

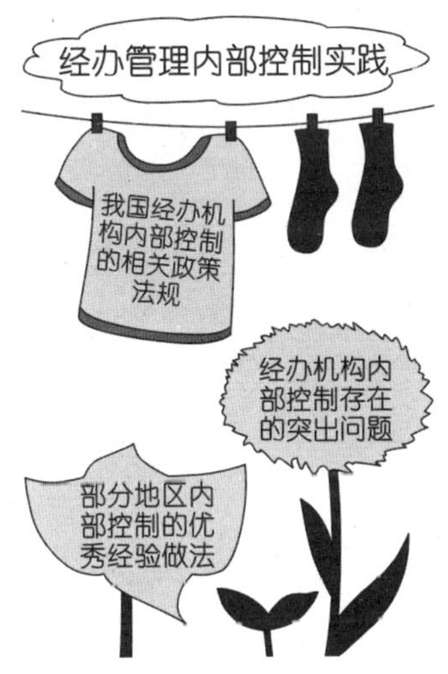

（三）内部控制文化建设的核心部分薄弱

一些经办机构在文化建设中对员工诚实守信、遵纪守法、爱岗敬业和团队协作价值观方面的思想教育还比较薄弱，控制环境缺乏灵魂。

第二章 经办管理组织机构控制

DIERZHANGJINGBANGUANLIZUZHIJIGOUKONGZHI

经办管理组织机构控制的内容包括组织决策控制、岗位设置及权责分配控制、人力资源管理控制、内审监督检查控制和组织文化“软”控制等。组织机构控制的核心目标是营造有利于实现组织目标的控制环境。

本章主要介绍经办管理组织机构控制的含义、意义、内容等。

第一节　经办管理组织机构控制的含义与意义

一、经办管理组织机构控制的含义

经办管理组织机构控制，就是要通过建立恰当的组织结构模式来确保经办机构各部门和岗位权责分明、相互制约，通过有效的相互制衡措施来消除内部控制中的盲点，形成科学合理的内部控制决策机制、执行机制和监督机制，将经办机构中所有部门、岗位和人员、所有业务项目和操作环节都纳入到内部控制的范围内。

二、经办管理组织机构控制的意义

（一）组织机构控制是实施内部控制的载体

组织机构控制为整个内部控制乃至经办机构管理全过程提供了一个活动环境框架，所有为实现经办管理目标的活动都必须在此框架内完成。

（二）组织机构控制影响内部控制的目标确定

组织机构控制设定了经办机构管理活动的基调，影响职

工在内部控制中的控制意识，为内部控制其他构成要素提供了秩序与结构。

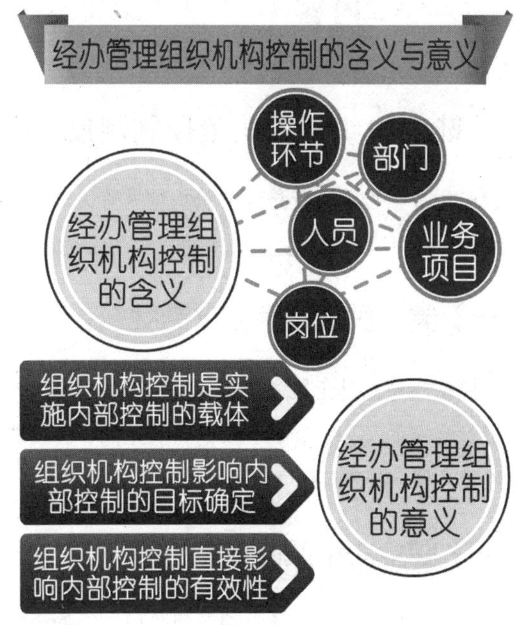

（三）组织机构控制直接影响内部控制的有效性

一个好的组织机构控制体系，可以使人才各尽其用，进而营造良好的内部控制环境，提升组织控制的有效性。

第二节 经办管理组织机构控制的内容

一、健全组织机构决策控制制度

组织机构决策控制，就是经办机构依据有关规定，通过建立决策规则对组织决策和实施决策的过程进行规范管理。

（一）健全民主决策会议制度

经办机构应建立健全民主决策会议制度，制度的内容一般包括规定会议的类型、参加会议的人员范围、会议决策程序及有关要求等，并公布制度让全体员工监督执行。

（二）健全决策风险控制机制

经办机构要建立防范和控制决策风险机制，健全决策备案监督制度，保证决策事项公开透明，对决策效果跟踪反馈，并按照“谁决策、谁负责”的原则进行决策责任追究。

（三）明确内控工作领导责任

根据劳社部发〔2007〕2 号文件精神，各级经办机构的主要领导既是经办机构的决策者，也是实施内控工作的组织者和监督者，要着力推动内控制度建设，贯彻执行内控制度

的规定，维护内控制度的严肃性，防止流于形式。

二、适时优化组织结构设置

（一）组织结构概述

组织结构又称组织架构，一般是指组织对一些运作过程中如何分工和协调合作而做的较为稳定的安排。

（二）经办机构组织结构的设置

经办机构应围绕有利于履行经办管理服务职能、具体职责，结合业务运行、财务运行的特点和对技术保障依赖程度等因素综合确定组织结构和适当配备岗位人员。

1. 组织结构设置的原则

（1）安全性原则。经办机构的组织结构设置，首先要考虑有利于管理和保证社会保险基金完整安全运行。

（2）有效性原则。经办机构的组织结构设置应有利于提高经办管理服务的运行效能。

（3）协调性原则。部门职能相互衔接、互不重叠，职责明确、均衡、高效，建立起相关部门间有机响应的配合通道和协调路径。

（4）制衡性原则。科学划分部门职能和合理岗位授权，对经办权力形成制约和监督；建立相邻业务部门相邻岗位之间的相互制衡的工作机制。

2. 组织结构设置的要求

（1）组织结构的设置应符合社会保险经办职能需要。一是要按照各级经办机构的业务规模、特点等，将业务活动分归适当的单位或部门，同时要适应职能需要及时调整和改革组织机构。二是机构、部门与岗位的变更要适应社会保险业务经办现状及发展需要，以及社会保险经办职能变化的需要。

（2）组织结构的设置需完整统一。要确保社会保险经办系统管理职能和机构功能设置的完整统一。

（3）组织结构设置上权责一致。明确部门的职责、权限和职能分工，明确规定各级人员的职责权限。

（4）组织结构的管理幅度设置应科学合理。各级领导者的管理幅度必须合理适当。

（三）组织结构设置的适时优化

1. 从传统的以职能为导向，向以流程为导向转变

“以流程为导向”的经办管理模式，有利于提高管理服务效率、质量和服务对象的满意度。

2. 从传统的金字塔管理模式向扁平化管理转变

扁平化管理模式的组织结构方式有利于促进职工不断学习业务和操作技能，尤其是促进整个团队的学习和整体进步，充分调动职工的积极性和创造性思维能力。

3. 从传统的“专管员制”模式，向“柜员制服务”模式转变

所谓“柜员制”，是指经办机构业务大厅的服务窗口，能够做到一岗可以办理多项不同的社会保险业务，提升服务效率，使经办资源得到充分利用。

三、健全岗位职责授权制度

岗位职责授权制度，是指经办机构的各级人员必须经过适当的授权和批准才能执行有关业务活动。通过授权批准管理，规定各级管理人员的职责范围、业务处理权限、审批程序和承担的相应责任，从而避免推诿现象发生；明确各级人员应予履行的职责，从而做到权责分明。

（一）岗位职责授权的基本内容

一般来说，经办机构进行岗位职责授权，须经经办机构决策层研究决定后，由主要领导组织实施。如不具备集体决策的条件，经办机构决策层的领导或部门主要负责人在职责范围内可以对分管部门或所属部门的员工予以相应的经办授权。

1. 授权范围

经办机构内所有业务经办活动，都应纳入授权办理的范围，任何经办岗位、办理任何一项业务，都必须经过授权。对于岗位变化或岗位职责调整的，应当及时调整授权。

2. 授权形式

授权形式一般分为常规授权和特别授权。常规授权是指经办机构按照既定的授权程序进行的授权。特别授权是指经办机构在特殊情况下进行的授权。应做到决策审批、监督管理岗位与经办操作岗位业务权限的完全分离。对各岗位授权，应制作书面文件并下达各职能部门执行，授权文件应交经办机构档案部门归档。

3. 明确责任

在授予经办岗位操作权限，规定工作职责的同时，必须规定相应的责任，避免只授予权限，不规定应该承担的工作责任的情况。

（二）授权应注意的问题

1. 权责划分与岗位相适应

各岗位权限应符合法律法规、规章的规定，确定职责时应尽可能具体、明确和全面。应统筹责任和权利的匹配，处理好内控需求和提高业务经办效率的关系。

2. 建立授权备案制度

要做好授权备案记录工作，保存好各级各职人员的预留印鉴或人员标志等。对于授权调整，也要加以记载。

四、健全轮岗制度

轮岗，又称岗位轮换，是指在统一组织系统或单位内，对担任领导职务和非领导职务的人员有计划地调换职位任职。

（一）轮岗适用范围

定期轮岗的适用范围，应包括经办机构各级各职在编人员。从实践轮岗制度的可能性看，一般应采取对重点岗位实行轮岗的制度。适合轮岗的岗位主要是经办机构的中层以上干部和部分业务岗位。经办机构应从本单位的实际出发，确定纳入定期轮岗的具体岗位。

（二）轮岗的类型

轮岗按轮换的形式分，有短期轮岗和调动性轮岗；按轮岗性质分，有强制轮岗、建议轮岗和按个人意愿轮岗。

（三）轮岗的配套工作

坚持有效沟通原则，在实施岗位轮换之前，必须对职工的特点和发展方向进行深入的分析和把握，与岗位职工进行有效沟通，避免对职工情绪造成较大冲击；坚持岗位全程监控原则，对轮岗工作给予全面的监控和把握；坚持岗前培训原则，培训既可以由相关岗位经验丰富的员工带班培训，也可以通过外派方式对其培训。

（四）轮岗制度应注意的问题

1. 坚持适才适用的原则

在轮岗中既要考虑轮岗的需要，又要根据每个职工的才能，把其安排在比较合适的岗位上。

2. 坚持个人服从组织的原则

轮岗是组织行为，组织必须重申纪律，坚持个人服从组织，不能各行其是。

3. 坚持重点岗位轮岗的原则

经办机构的中层以上干部（包括业务主管），以及部分重要岗位，应定期轮岗。确定轮岗期限，中层以上干部任职3~4 年，或者任满一个聘期应轮换一次。专业性强和重要业务事项审批岗位，除有特殊规定的外，原则上也应每 3~4 年进行一次轮岗。

4. 坚持轮岗职务交接原则

应建立轮岗职务交接制度，以划清前后岗位的各自责任。

五、健全不相容职责岗位分离制度

为保证各项业务经办规范运行，严格执行政策法规，防范各种风险等，在明确划分相关部门之间、岗位之间、上下级之间的职责时，需要建立起不相容职责分离、纵向与横向相互监督制约的机制。

（一）不相容职责岗位划分

纵向将社会保险业务分为决策、执行、监督三个层次，必须实行决策、执行、监督岗位职责分离制度。横向将每一个险种业务划分为审核、审批、录入、计发、支付等环节，必须实行各项业务环节相互独立、相互制约的操作规程，不能由一个岗位全过程经办一项包括不相容职责在内的多个环节业务。

（二）建立合理的责任分离制度

一般来说，经办机构的业务审核岗位应与审批岗位职责分离，审批岗位应与数据录入岗位职责分离，记账岗位应与管钱管物岗位职责分离，审批岗位应与计发待遇岗位职责分离，信息维护岗位应与具体业务经办岗位职责分离等。

（三）落实责任分离制度应注意的问题

经办机构应结合采用信息化技术和整合经办资源之机，

适时调整内设机构，在确定岗位设置时，最大限度地落实不相容岗位职责分离制度，避免出现不相容职责岗位。针对新任务或工作调整而出现的新的不相容职责岗位，应随时评估其风险，积极采取应对措施。人事管理部门及各单位（部门）负责人，应定期对不相容职责岗位是否真正分离情况进行检查。

六、健全内部审计控制制度

经办机构应认真贯彻落实《关于进一步加强社会保险稽核工作的通知》（劳社部发〔2005〕4号）的要求，高度重视稽核队伍建设，大力完善稽核组织体系，确保内部审计工作的有效开展，建立健全内部审计制度。

（一）内部审计主要职责及在组织机构控制中的作用

内部审计主要职责是：依据政策法规，对本单位社会保险基金财务收支、管理、投资运行情况进行跟踪监督；依据上级和本单位内部控制规定，对经办管理的重要环节、重点业务办理，以及重要部门、重要岗位履行职责情况进行监督；依据有关规定，对干部离任及工作交接情况进行监督。

内部审计在组织机构控制中的作用有：

1. 监督约束作用

通过内部审计及时发现自身存在的经办风险问题，督促

经办人员遵纪守法，严格执行各项工作制度。

2. 咨询服务作用

对经办管理的薄弱环节进行专项审计，报告审计查出的问题和提出整改建议，为领导决策提供服务。上级经办机构对下级经办机构实施内部审计，指导和督促下级经办机构重视和纠正存在的经办风险问题。

3. 风险防范作用

内部审计从评价各部门落实内部控制入手，深入到经办管理的细微环节，查找出管理漏洞，由此分析制度本身的健全性、合理性和有效性，以风险发生的可能性大小为依据，做出相关评价，防范风险。

4. 评价、鉴证作用

通过上级授权，内部审计对本单位干部任期内经济责任进行审计和做出评价，可为使用特别是提拔干部提供依据。

（二）内部审计机构设置原则

1. 独立性原则

内部审计部门能够独立行使对内部控制系统的建立、运行，对结果进行监督和评价的权利。

2. 权威性原则

内部审计部门应具备与监督、评价内部控制系统相适应的权威性。对在监督与评价过程中所遇到的有关问题或情况有一定处置权。

3. 协调性原则

内部审计部门与机构中其他职能部门及外部审计机构就监督与评价内部控制系统方面应是协调一致的。

4. 效率原则

内部审计部门在效率上能够满足经办机构对内部控制系统进行审计监督与评价的有关要求。

（三）强化社会保险经办内部审计工作

社会保险经办机构系统应建立健全以内部审计为重点的内部控制体系，保证内部审计机构在上级内部审计部门和本级经办机构主要负责人的双重领导下独立开展工作，同时应赋予内部审计对内部控制监督检查的再监督职责，使内部审计成为内部控制中的“控制”。

七、健全内部控制的信息与沟通渠道

经办机构应建立起良好的信息传递、反馈、监控流程，利用各种途径和方法，全方位、多角度地收集社会保险经办

运行过程中可能产生的风险和影响控制有效性的内外部信息，并将信息及时、充分地传递给相关人员，以提高经办机构内部控制的效率，优化内控效果。

（一）建立充分沟通及协调的工作机制

建立信息反馈制度，及时将内控监督部门发现的风险问题反馈给有关部门。加强与工商行政管理部门、民政部门、机构编制管理机关、公安部门等的沟通，及时掌握相关信息，拓展信息资源共享渠道，提高经办工作的效率和水平。

（二）建立具有沟通、传递、反馈业务经办信息职能的内部信息交流平台

一方面，要完善信息向下传递机制，使参与经办管理活动的所有人员及时了解社会保险政策法规、经办规程、操作审核要求；另一方面，要完善信息向上反馈机制，使职工能够畅通地向上级反映发现的风险问题，形成内部控制人人有责的监督局面。

（三）落实重大风险问题报告制度

各级经办机构应按照国家有关规定，认真落实重大风险事件报告制度，将经办过程中发现可能造成严重后果的问题及时向上级报告。

八、健全内部控制评价机制

（一）建立内部控制考评制度

内部控制运行过程需要全员参与，明确各部门、各岗位的具体职责，按照管理层次进行层层分解落实，并与业务经办质量、岗位责任联系起来，纳入到内部控制考评制度中。在后续评价阶段，跟踪检查被评价单位问题的整改情况、处理处罚决定的执行落实情况和评估内部控制状况的改进情况，达到进一步强化内部控制执行的目的。

（二）建立内部控制工作问责制

在经办机构的内部控制中，有必要引入工作问责制，做到权责要明晰、过失必追究。将问责机制落实到每一个岗位，按照岗位来进行责任认定与追究，一旦发现问题就能及时回溯追究具体责任岗位和具体责任人，从源头上保证经办运行安全。

（三）建立内部控制特殊激励机制

建立关键风险点激励机制，对报告关键风险点的人员进行奖励，以激发职工的积极性，从而达到控制风险的效果。

适时优化组织结构设置
健全组织机构决策控制制度
健全岗位职责授权制度
健全轮岗制度
健全内部审计控制制度
健全不相容职责岗位分离制度
健全内部控制的信息与沟通渠道
健全内部控制评价机制
经办管理组织机构控制的内容

第三节　经办管理组织机构控制应注意的问题

一、确保做到依法经办

（一）坚持合法经办

合法经办是经办机构依法行政最根本、最重要的要求。合法经办，就是依照法律法规、规章的规定实施业务经办活动，摒弃人治思维和习惯，树立法律的权威和依法办事的观念。

（二）坚持合理经办

经办行为应当遵循公平、公正的原则，平等对待经办管理相对人，尊重相对人的意见，排除各种可能造成不平等、偏见和影响行政行为公正性的因素，所采取的管理措施和手段应当必要、适当。尤其是在处理一些具有较大自由裁量权的事务时，应当充分考虑当事人利益，充分考虑同类情况下处理同类事物的惯常做法，充分考虑地区平衡的前提下，在法律规定的裁量范围内做出尽量合理、让各方满意的处理结果。

二、着力营造内控文化氛围

经办机构组织文化中的内控文化部分深刻影响控制环境

的优劣。着力营造内控文化氛围，强化“软约束”力量，构成了内部控制有效运行的内在驱动力。

（一）内控文化的含义

内控文化是指经办机构在长期的经办管理服务实践中所形成的，并且被组织成员普遍认可和遵守的，具有本组织特色的价值观念、团体意识、行为规范和思维模式的总和。内控文化的核心是诚信和道德价值观。

（二）构建内控文化的具体要求

1. 制订教育计划

经办机构应结合形势任务制订员工思想品德教育工作计划，并按计划组织开展教育。

2. 优化控制环境

优化控制环境必须抓住主要矛盾的主要方面，重点提高经办机构决策层的素质。领导班子要带头遵守、执行内控制度，为全体员工做表率。

3. 健全内控制度

经办机构应结合工作环境、队伍素质状况等实际情况，建立健全切实可行的内部控制制度体系，不断完善操作细则，保证制度规范适应新情况、新要求，能解决新问题。

三、严把人力资源配置关

经办机构应严把人力资源配置关，健全完善科学的人事管理制度，保证经办人员具有胜任能力和诚信道德品行。

（一）健全招用人制度

经办机构应当建立完善的人员招录制度、选拔制度和流程，将职业道德修养和专业胜任能力作为选拔人员或录用的重要标准，并严格执行公开招聘和选拔干部的制度规定。

（二）健全岗位资格制度

经办机构在明确经办岗位职责的同时，还应对各经办岗位的任职资格、经验要求等作出规定，要求拟任职（包括新录用）人员具有相应的从业资格（证书），并检查其真实性。

（三）健全素质培训制度

要建立多层次、多形式、多规格，并具有针对性和持续性的素质培训体系，强化内部控制。如省级以上经办机构应设置培训部门，负责组织规划和具体实施各险种经办人员的业务培训工作，应建立国家级、省级的高水平培训师资队伍，编写统一规范的培训教材和建立经办机构专业岗位任职资格制度。

（四）健全考核评价制度

经办机构要严格执行年度考核制度，对各岗位人员履行职责、完成任务的情况实施考核，客观评价职工的工作表现。要根据各业务岗位特征，采取适合的考核评价方法，并根据年度综合评定进行相应的奖惩。

（五）健全任职回避制度

领导干部要认真执行上级组织规定的任职回避制度，带

头执行和监督部署执行本单位建立的任职回避制度，接受人民群众的监督。《社会保险稽核办法》（劳动和社会保障部令第 16 号）对社会保险稽核人员执行公务的回避事项作了明确的规定，各级经办机构应严格执行。

第三章 经办管理业务运行控制（上）

DISANZHANGJINGBANGUANLIYEWUYUNXINGKONGZHI（SHANG）

社会保险经办管理业务运行控制是指经办机构依据社会保险方针政策、法律法规和内部控制的规定与要求，对经办管理业务运行进行自律规范的方法、程序、措施的总称。

本章主要介绍社会保险登记，社会保险费征缴，基本养老保险个人账户管理，基本养老、基本医疗保险关系转移接续，以及社会保险业务档案管理运行可能存在的风险及控制措施等。

第一节 社会保险登记业务运行控制

一、社会保险登记业务运行控制的含义

根据《社会保险法》《社会保险费征缴暂行条例》（国务院令第 259 号）和《社会保险登记管理暂行办法》（劳动和社会保障部令第 1 号）的规定，社会保险登记业务包括：办理参保登记、变更登记、注销登记、暂停及恢复登记等。

二、社会保险登记业务运行控制的关键环节

（一）参保登记控制

办理参保登记业务可能发生的风险有：用人单位故意回避申报社会保险登记，拖延缴纳社会保险费；用人单位存在只办理参保登记，但不按规定缴纳社会保险费等欺诈行为；机关、事业单位存在超编、混编的情况等。

经办机构可以采取的控制措施有：（1）与工商、民政、机构编制等部门搭建信息交换平台，加强对用人单位注册登记信息的共享。（2）对不按规定缴费的单位依法进行催缴，直至移交劳动保障监察机构实施行政处罚。（3）设置初审、复审环节，实行一事双岗双审。（4）完善信息系统功能，将

参保单位的组织机构代码设置为关键检索识别码并不得重号。（5）认真核对参保单位提交的编制批准文件，必要时进行档案抽查。

（二）变更登记控制

办理变更登记业务可能发生的风险有：用人单位提交的有关变更证明资料不真实；用人单位变更银行账号，登录账号信息不准确。

经办机构可以采取的控制措施有：（1）与相关部门搭建信息共享平台，及时确认申请人提交材料。（2）办理变更登记业务环节设置即时复审监督岗位。（3）完善信息系统功能。变更登记复审确认后，信息系统自动同步变更用人单位的各类收缴（或拨付）单据上的对应信息项；保留用人单位信息修改痕迹，并能按条件进行查询、汇总和打印。

（三）注销登记控制

办理注销登记业务可能发生的风险有：用人单位办理注销登记时，存在欠缴社会保险费的行为；用人单位提供虚假资料办理注销手续。

经办机构可以采取的控制措施有：（1）认真审核清理用人单位欠费，在用人单位完成相关人员的费用清理和关系转移后，再办理注销手续。（2）利用信息共享平台，向有关部门核实单位提交材料的真实性、合法性。（3）完善信息系统功能。注销登记之前，对相应的数据库进行自动检索，确认在职、离退休人员全部清空。办理注销登记业务后，信息系统对注销登记单位缴费状态停止测算，封存该单位的收缴和拨付的历史台账，锁定人员增、减移动权限。

（四）暂停及恢复登记控制

办理社会保险暂停及恢复登记业务可能发生的风险有：用人单位办理暂停及恢复登记业务时提供虚假文件、批件等

材料；办理社会保险关系恢复登记业务时存在欠缴社会保险费的行为。

经办机构可以采取的控制措施有：（1）设置初审、复审环节，实行一事双岗双审。（2）受理参保恢复登记业务时审核清理用人单位欠费，单位完成相关的费用清理和关系转移后，再办理注销手续。（3）完善信息系统功能。设置欠费自动控制功能，不允许存在欠费单位办理恢复手续。

第二节　社会保险费征缴业务运行控制

一、社会保险费征缴业务运行控制的含义

根据《社会保险法》和《社会保险费征缴暂行条例》的规定，社会保险费征缴业务包括：按规定核定缴费基数、收缴社会保险费、社会保险缴费基数调整、社会保险费补缴和欠费管理等。

二、社会保险费征缴业务运行控制的关键环节

（一）社会保险缴费基数核定控制

办理缴费基数核定业务可能发生的风险有：缴费单位少

报、漏报缴费人数、缴费基数，经办部门或岗位未查出或有徇私舞弊行为；同一缴费职工参保不同险种，出现不同的缴费基数；核定的缴费基数录入信息系统时操作错误。

经办机构可以采取的控制措施有：（1）加强内部控制文化建设，营造诚信氛围和强化内部控制监督检查工作。（2）建立扩面征缴政府考核奖励机制和政府各项职能部门协调配合的工作机制，发挥各职能部门的监管作用。（3）推进五险集中统一征收，建立起参保缴费资源、基金征收、稽核检查等信息共享的工作机制。（4）对申报缴费基数资料不齐、缴费基数难以确定且存在疑问的缴费单位实施实地稽核。（5）设置缴费基数录入复审监督环节，加强监督。（6）根据各地个人缴费基数、上限和下限的政策规定，在系统中对个人缴费基数设置保底和拦头的政策参数。

（二）社会保险费征缴结算控制

办理社会保险费征缴结算业务可能发生的风险有：缴费测算日未停止经办业务办理，导致测算数据出错；参保单位未按时、足额缴纳社会保险费。

经办机构可以采取的控制措施有：（1）征缴环节在规定日测算缴费单位和缴费个人的月度缴费额时，基金财务收缴环节必须完成上月所有到账金额的登账；办理人员增加或减少环节，必须完成上月所有人员的增减变动。（2）缴费单位未在规定的时限内及时足额缴费的，社会保险费征缴机构应按照法定程序和要求实施催缴。（3）完善信息系统功能。系统能自动生成社会保险月度收缴计划核定表和社会保险月度收缴计划对比表，分别对在职职工人数、单位和个人缴费基数、单位应缴、个人应缴、单位补（退）额、个人补（退）额、其他应缴进行对比，确保数据准确。财务环节依据缴费单位缴费单据和银行到账票据进行登账处理，系统自动记录单位和个人的缴费信息。缴费单位欠费逾期不缴的，按规定进行记录并收取滞纳金。

（三）社会保险缴费基数调整控制

办理社会保险缴费基数调整业务可能发生的风险有：办理缴费基数调整信息录入出现差错，造成其他业务发生异常。

经办机构可以采取的控制措施有：（1）受理申请时必须严格执行政策法规和认真审核申报资料是否合法有效。（2）对已办理退休手续的，原则上不受理缴费基数调整申请，也不予调整缴费基数。（3）调整缴费基数录入，实行一事双岗双审，避免人为录入差错。（4）完善信息系统功能。对因缴费基数调整需补缴的社会保险费做补缴处理，由系统自动生成补缴额。

（四）社会保险费补缴控制

办理社会保险费补缴业务可能发生的风险有：核定的缴费单位或缴费个人补缴时段的缴费基数、费率可能不符合政

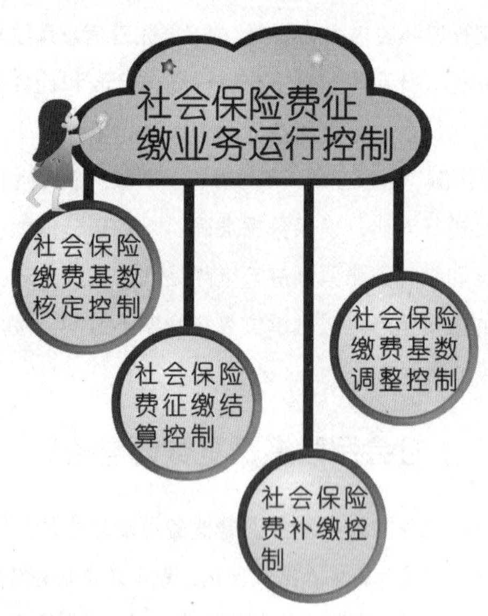

策规定；经办岗位录入补缴信息出错，造成其他业务发生异常。

经办机构可以采取的控制措施有：（1）认真审核缴费单位或缴费个人的补缴申请，以及补缴时段的缴费基数和费率。（2）设置初审、复审环节，实行一事双岗双审。（3）审核录入补缴期间的缴费基数后，系统自动计算应补缴额，并能打印征缴单据；个人打单补缴到账后，方可办理缴费个人减少异动或办理退休。

三、案例、分析及警示

（一）案例

2014 年 4 月，某省人力资源和社会保障厅接群众举报，某人寿保险公司存在少报缴费基数的情况。该省人力资源社会保障厅立即派人展开调查。经查实，该公司 2014 年恶意少报缴费基数 748.08 万元，需补缴养老保险 149.62 万元。当年 6 月 25 日，该公司补缴齐养老保险费。

（二）分析

该人寿保险公司采取少报缴费基数的方式企图逃避养老保险缴费责任，如果社会举报渠道不畅，监管部门就难以及时查处该公司的违法行为，就会给基金收入带来损失。如果经办机构在审核中就能发现该公司少报缴费基数的情况，就能避免该案的发生。

（三）警示

一是要加强对单位申报材料的审核，将申报数据与往年数据进行对比，发现变化较大的要重点审核。二是要加强对群众举报的重视程度，畅通举报途径，拓宽稽核线索来源。三是要加大稽核力度，对于有恶意欠缴社保费用、少报缴费基数等不良记录的单位要重点关注。

第三节　基本养老保险个人账户管理业务运行控制

一、基本养老保险个人账户管理业务运行控制的含义

依据《社会保险法》《职工基本养老保险个人账户管理暂行办法》（劳办发〔1997〕116号）和《关于规范企业职工基本养老保险个人账户管理有关问题的通知》（劳社厅发〔2001〕5号）的规定，基本养老保险个人账户管理业务包括：办理个人账户信息修改、参保人员异动管理、个人账户合并、记账和社会保险关系终止等环节。

二、基本养老保险个人账户管理业务运行控制的关键环节

（一）个人账户信息修改控制

办理个人账户信息修改业务可能发生的风险有：申请人提供的修改账户信息的证明资料不真实；部分身份证号与档案出生日期不同的老人，在信息系统中修改身份证号码时同步修改了出生时间；信息修改录入出现差错，造成其他业务发生异常。

经办机构可以采取的控制措施有：（1）修改涉及参保职工养老保险待遇等信息时，要严格审核和对照参保人员的档案及相关证明材料，发现疑点应进行调查核实。（2）完善系统，修改个人身份证号码的，不能一律同步变更出生年月。（3）对于关键信息的变更设置复审监督环节。

（二）个人账户异动控制

办理个人账户异动业务可能发生的风险有：申请人提交的资料不真实、不齐全或无效；办理减少异动时，参保单位或个人有欠费；录入异动信息出现差错，造成其他业务发生异常。

经办机构可以采取的控制措施有：（1）认真审查劳动合同或人事调令、退役军人证明，有视同缴费年限的须查看职工档案。办理人员减少异动须审查用人单位解除劳动关系的证明。（2）办理减少异动时，若参保单位或个人有欠费，应督促其缴清欠费后再准予办理。（3）设置初审、复审环节，实行一事双岗双审。

（三）个人账户合并控制

办理个人账户合并业务可能发生的风险有：需合并的个人账户基本信息不一致，不属于同一参保人员，合并会造成操作事故；被合并的账户处于参保缴费状态。

经办机构可以采取的控制措施有：（1）认真审查需合并的个人账户基本信息，确保合并人与被合并人属于同一参保人员。（2）办理合并时被合并账户处于参保缴费状态的，应先办理人员停保。（3）设置初审、复审环节，实行一事双岗双审。

（四）个人账户记账控制

办理个人账户记账业务可能发生的风险有：征缴部门发出的缴费通知单和基金财务部门基金实际到账数值不一致；单位缴费和个人缴费未足额；个人账户年度计息政策参数设置不正确。

经办机构可以采取的控制措施有：（1）核对并找出缴费通知单和基金实际到账数值不一致的原因，保证一致后再确认信息系统记录个人账户缴费信息。（2）单位和个人必须足额缴费，否则不能确认信息系统记录个人账户缴费信息。（3）认真按照国家规定对在职和离退休人员个人账户储存余额计息，计息结果必须经过系统校验。（4）完善信息系统功能。基金财务管理岗位能复核到账信息，系统能自动识别缴费通知单和实际到账数据是否一致，一致方能财务勾账。单位和个人足额缴费后，系统自动对个人账户缴费信息进行记录。

（五）社会保险关系终止控制

办理社会保险关系终止业务可能发生的风险有：申请人提交证明的有效性存在缺陷，办理后出现争议问题；支付个人账户金信息录入出现差错，造成其他业务发生异常。

经办机构可以采取的控制措施有：（1）认真审查申请人提交的相关材料，例如死亡证明、具有法律效力的继承协议书或公证书、申请人与死者关系证明、出境定居证明及公安部门户口注销证明等。（2）对于因申请人无法办理需要委托他人代办的，应认真审查委托代办协议书、代办人身份证原件及复印件、当地街道办事处或派出所出具与代办人关系的证明等材料。（4）设置初审、复审环节，实行一事双岗双审。

第四节 社会保险关系转移接续业务运行控制

一、社会保险关系转移接续业务运行控制的含义

社会保险关系转移接续包括办理参保人员统筹地区内社会保险关系转移接续和跨统筹地区社会保险关系转移接续。其中，个人跨统筹地区就业的基本养老保险关系、基本医疗保险关系和失业保险关系随本人转移，缴费年限累计计算。

本章仅讨论基本养老保险和基本医疗保险关系转移接续运行控制。

二、基本养老保险关系转移接续控制

工作发生变动的参加养老保险的人员需办理基本养老保险关系转移接续。这一过程包括按规定转出或接收养老保险基金。

基本养老保险关系运行控制包括基本养老保险关系转出运行控制和转入运行控制。

（一）基本养老保险关系转出运行控制

办理基本养老保险关系转出业务可能发生的风险有：信

息系统打印出的职工参保缴费凭证和“接续信息表”上记载的信息不一致，出现了异常数据；基金划转金额不符合《人力资源和社会保障部关于贯彻落实国务院办公厅转发城镇企业职工基本养老保险关系转移接续暂行办法的通知》（人社部发〔2009〕187号）规定，转入地经办机构开户行户名、行号、账号不准确，导致银行退票；转出人员有欠费。

经办机构可以采取的控制措施有：（1）认真审核申请人提供的参保缴费凭证和“接续信息表”上记载的基本信息和账户信息，确保数据准确。（2）基金财务环节应认真核对“基金划拨表”“接续信息表”和信息系统中的数据，确保基金转移数额一致。办理基金拨付时，基金应划转至转入地经办机构，且保证转入地经办机构开户银行户名、行号、账号准确。（3）转出人员个人有欠费的，业务环节应注意提示其先办理补交手续并缴费，否则欠费期间将不计算缴费年限。（4）完善信息系统功能。按政策规定设置转移基金参数和公式，办理转移信息时，信息系统自动生成个人账户基金转移总额，并自动传输到财务系统，个人账户基金转移总额不能修改。

（二）基本养老保险关系转入运行控制

办理基本养老保险关系转入业务可能发生的风险有：信息系统打印出的职工参保缴费凭证和“接续信息表”上记载的信息不一致，出现异常数据；转入的基本养老保险基金没有到账就办完了转入手续；准入条件、基金划转金额不符合相关政策文件规定。

经办机构可以采取的控制措施有：（1）认真审核申请人提供的参保缴费凭证和“接续信息表”上记载的基本信息和账户信息，确保数据完整准确，应重点审核历年缴费、工资基数、缴费年限、个人账户记账额。（2）基金财务环节应认真核对“基金划拨表”“接续信息表”和信息系统中的数据，确保基金转移数额一致，办理个人账户跨省转入，应由基金

财务部门确认转移基金到账后，再办理信息录入有关手续。（3）经办机构应认真执行人社部发〔2009〕187 号文件规定的基金转移标准。（4）设置初审、复审环节，实行一事双岗双审；信息系统根据缴费基数计算统筹基金转移额，自动核实统筹基金转移额是否与“接续信息表”上的数据一致。

（三）案例、分析及警示

1. 案例

2008 年 10 月，甲市社会保险局业务部门收到灵活就业人员王某提交的基金转移单，转移单上显示，王某曾在同一统筹范围内乙市社会保险局某单位参保，参保时间为 1996 年 1 月 1 日至 2008 年 6 月 30 日，个人账户储存额为 18069.23 元，个人账户储蓄额全部记录在个人缴费项目中，单位划拨和单位代缴项目均为 0 元，基金转移总额为 0 元，转移单上注明了乙市社会保险局经办人员和负责人签章。甲市社会保险局业务部门根据基金转移单上个人账户记录情况，发现单据存在异常数据。经核查，王某在乙市社会保险局从未参保，其养老保险基金转移单系伪造，甲市社会保险局对王某伪造基金转移单的行为进行了严厉批评教育，并当场销毁其基金转移单。

2. 分析

（1）甲市社会保险局业务部门收到王某基金转移单后，

对其单据进行审核。王某系同一统筹区内转移，只转移养老保险关系和个人档案，不转移基金，这是符合政策规定的。但转移单据中 1996—2008 年参保缴费记录全部记录在个人缴费项目，明显不符合政策规定，单据出现异常情况，需要原参保地核实。

（2）王某利用同一统筹区内流动只转移养老保险关系和个人账户档案，不转移养老保险基金的政策，私自伪造基金转移单，属欺骗行为，企图侵占国家和职工的社会保险权益。

3. 警示

（1）经办机构应严格执行社会保险关系转移内部控制规定，认真审核基金转移单据，查看数据是否存在异常，发现问题及时沟通。加强社会保险关系转移接续业务运行控制，规范转移接续操作流程，夯实经办机构基础工作。

（2）案例中未实现统筹范围内系统联网，养老保险关系转移的相关信息只能通过人工传递，费时费力，并容易导致信息失真（参保人员私自伪造基金转移单）。应加快信息系统升级，逐步实现统筹范围内甚至全国联网，提升经办服务水平。

三、基本医疗保险关系转移接续控制

经办基本医疗保险关系转移接续业务可能发生的风险有：经办人员录入信息有误；经办人员未在规定时间内办理转移

手续；处理个人账户时，计算机系统出错；为不符合转移接续条件的参保人员办理了转移业务。

经办机构可以采取的控制措施有：（1）积极主动与外地医疗保险经办机构做好业务沟通工作，及时、准确地办理相关转移业务。（2）业务流程设置初审、复审环节，对每笔转移金额进行复审，发现异常数据及时查清原因，确保数据精确，避免人为录入信息差错。（3）实行异地转移登记制度，减少漏办、少办转移业务。（4）完善提高信息系统的汇总、复核功能。

第五节　社会保险业务档案管理运行控制

一、社会保险业务档案管理运行控制的含义

社会保险业务档案管理是针对社会保险业务经办过程中形成的具有保存和利用价值的各类专业性文字资料、电子档案、图表、声像等不同载体的历史记录，进行归集、存档、保管、移交、利用的一系列工作过程。

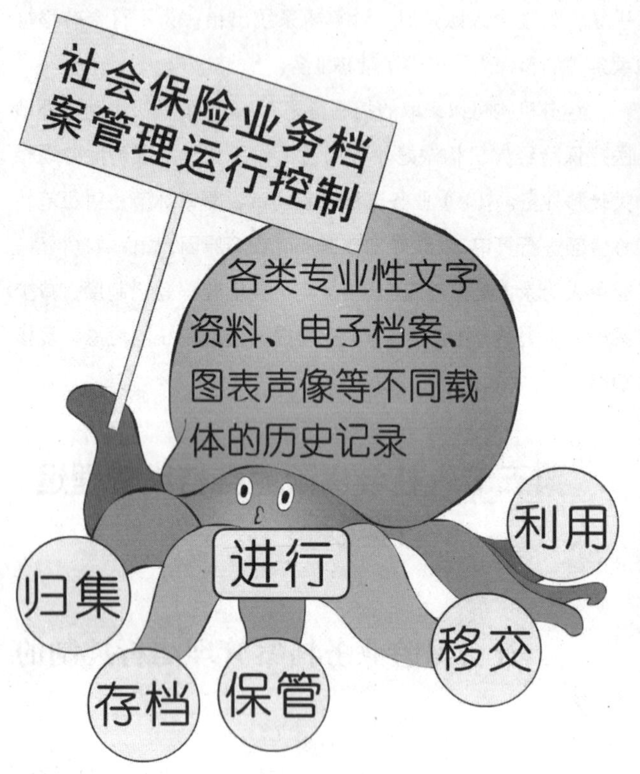

二、社会保险业务档案管理风险及应对措施

社会保险业务档案管理可能发生的风险有：产生业务档案资料的业务部门未及时归集整理存档业务资料，导致资料

破损或丢失；业务部门向档案管理部门移交的存档资料不齐全或有些资料经办手续不全，档案管理部门未发现问题；档案管理部门工作人员未按照《社会保险业务档案管理规定》的要求归集、分类、保管、移交、销毁、使用档案；档案管理硬件设施不符合规定，危及档案保管安全等。

经办机构可以采取的控制措施有：（1）建立兼职档案员制度。各个业务部门需明确兼职档案员负责本部门存档业务资料的归集、整理、移交等管理工作，包括负责检验业务资料的有效性，确保归档资料完整无损。（2）建立归档资料移交登记制度。登记内容包括业务部门向档案管理部门移交归档资料的时间、内容类别和资料数量等。（3）档案管理部门要严格按照保管期限，分类、立卷、存档各类档案。（4）档案管理工作人员应定期检查库房温度、湿度，搬运档案时要避免人为的损坏，发现保存档案破损或归档错误时，应按规定及时修正。

第四章 经办管理业务运行控制（下）

DISIZHANGJINGBANGUANLIYEWUYUNXINGKONGZHI (XIA)

社会保险待遇支付（包括各个险种）是经办机构的核心业务，经办机构能否按照政策法规和统一规范的程序审核支付各项社会保险待遇，直接关系参保人员享有的合法权益是否得到保障，更关系参保人员的公平感受和政府的服务形象。

本章主要介绍基本养老、基本医疗、失业、工伤和生育保险待遇核定支付业务，以及机关事业单位职业年金管理业务运行可能存在的风险及控制措施。

第一节　基本养老保险待遇核定支付业务运行控制

一、基本养老保险待遇核定支付业务运行控制的含义

基本养老保险待遇核定支付是指经办机构依据养老保险政策法规，审核支付符合养老保险基金保障范围的参保人员养老保险待遇的过程。享受基本养老保险待遇的条件、待遇支付标准等，须按照《社会保险法》《国务院关于完善企业职工基本养老保险制度的决定》（国发〔2005〕38 号）等法律法规以及统筹范围地方政府的规定执行。

二、基本养老保险待遇核定支付业务运行控制的关键环节

（一）基本养老金待遇核定控制

办理基本养老金待遇核定业务可能发生的风险有：信息系统待遇计算政策参数不正确，导致计算结果有误；参保人员对待遇计算的结果有异议；参保人员基本信息录入出现差错。

经办机构可以采取的控制措施有：（1）离退休人员的养

老金待遇只能通过系统计算生成。（2）退休审批过程中发现信息错误的，须按信息修改程序进行修改。信息未经审核不能进行退休审批和待遇计算。（3）对信息系统要经常检查。检查设置的参数是否异动，待遇计算表格中的勾稽关系是否准确，计算的结果是否准确。定期用手工计算待遇与系统计算待遇进行比对，同时检查一定时期内同类人员的待遇是否相近，杜绝因系统原因出现的差错。（4）完善信息系统功能。系统设置能对参保缴费最低年限、拟退休年龄进行控制。

（二）基本养老金待遇调整控制

办理基本养老金待遇调整业务可能发生的风险有：待遇调整的政策参数设置不正确；退休人员对调整有异议，经办机构未及时进行复查。

经办机构可以采取的控制措施有：（1）保证正确设置待遇调整参数，待遇调整只能通过信息系统计算实现。（2）对待遇调整的结果存在异议的，经办机构应及时进行复查，发现差错应予修正，并留存修改记录。（3）完善信息系统功能。每一次待遇调整，系统必须有相应的功能模块去实现；对因系统数据错误导致的调整错误，必须首先修改系统数据，再进行重新调待，不能用直接增（减）绝对额来实现更改差错。

（三）基本养老金待遇变更控制

办理基本养老金待遇变更业务可能发生的风险有：申请

待遇变更的理由不成立，甚至存在欺诈的嫌疑；待遇计算不正确。

经办机构可以采取的控制措施有：（1）认真审核待遇变更申请，对有疑问的情况予以查证核实，并严格执行审批程序。（2）因个人基础信息变更出错而产生的待遇差错，须先核对并按规定程序修改个人基础信息，再按有关规定调整待遇标准。（3）严格落实政策，做到每一项待遇变更都有据可查，保证待遇计算准确无误。（4）完善信息系统功能。支持业务流程设置待遇变更初审、复审业务环节，且复审不能对数据进行修改，复审中发现问题只能做退回初审处理；通过相应的系统功能实现待遇变更，不能直接按绝对额增加。

（四）已故退休人员待遇核定控制

办理已故退休人员待遇核定业务可能发生的风险有：申办时间滞后造成养老金多拨，以及为不符合申领条件的人员办理了待遇核定手续。

经办机构可以采取的控制措施有：（1）对已多支付了养老金的及时进行抵扣，不够抵扣的依法进行稽核查处。（2）核实已故离退休人员死亡时间、殡葬方式，并核实是否抵扣了未及时申报而多发的养老金，以及终止时个人账户是否有余额。（3）完善信息系统功能。系统能根据录入的申报死亡时间自动识别是否多领取了养老金，并根据填报的数据自动计算有关待遇。

（五）基本养老金待遇领取资格认证控制

办理基本养老金待遇领取资格认证业务可能发生的风险有：经办部门未按有关规定制定年度认证工作方案，导致认证覆盖范围窄；经办岗位未认真核验认证资料，存在虚假证明而未发现，对有疑问的情况未进行复查。

经办机构可以采取的控制措施有：（1）将认证方案纳入经办机构年度工作计划监督实施。（2）建立审核认证回收资料和走访认证活动的台账，包括记录委托街道社区社会保障工作平台实施认证工作情况。

（六）基本养老保险待遇支付控制

办理基本养老保险待遇支付业务可能发生的风险有：养老保险待遇月度发放数据不准确和银行回盘发放不成功。

经办机构可以采取的控制措施有：（1）每月生成拨付计划后，按社发银行、领取银行、参保类型、支付项目、支付异动五个类别进行分别比对，发现数据有误及时查明原因，比对完全无误后，才能固化当月拨付数据，形成“基本养老保险拨付计划表”。（2）每月社发数据形成后，由系统进行自动检测，标注未填写户名、账号、行号，或发放金额过大的数据，进行补填、核实，形成社发数据盘。（3）对发放不成功的，由待遇发放部门与基金财务部门查清原因，核实补发数额，经办补发手续。（4）完善信息系统功能。每月拨付计划形成后，系统能自动生成“养老保险待遇月度支付比对表”和“基本养老保险拨付计划表”；社发数据形成后，由系统自动检测校验，对可能存在的问题数据进行标志。

三、案例、分析及警示

（一）案例

某县社会保险局待遇发放部门负责人王某于 2007 年 7 月至 2009 年 11 月期间，利用为退休人员经办养老金领取存折之便，为两名退休人员分别开设了两个存折，然后将一个存折留下，利用发放养老金的职务便利，在每月制作的养老金名册中虚增和更改退休人员姓名，虚增银行存折账号和金额，累计骗取社保基金 18 笔，共计人民币 33 万余元。

（二）分析

该案暴露出该县社保局业务管理存在严重漏洞，主要是：（1）该局发放养老金没有与发放银行联网，是通过将生成数据转换为电子表格形式传递给发放银行，使王某有机可乘。（2）该局先由待遇发放部门为退休人员经办领取养老金存折，再由退休人员到待遇发放部门领取，为王某提供了作案的便利。（3）内部控制缺失。制作月养老金发放名册和将名册送发放银行的过程全部为一人经手，没有相关部门或岗位的复核监

督；发放银行反馈的发放结果财务部门也未认真审核，造成基金流失。

（三）警示

一是要规范经办程序，明确应由退休人员凭身份证到经办机构指定的银行领取养老金领取存折，不得由社保经办人

员经办。二是要提升管理水平，加快信息系统升级换代，由养老保险信息系统自动生成每月社会发放数据，并进行严格比对，发现异常情况，查找问题，审核无误后方能经办发放手续。三是要严格落实内控制度，业务经办必须有两个岗位进行初审和复核，涉及基金收付的重点经办项目必须履行报批程序。

第二节　基本医疗保险待遇核定支付业务运行控制

一、基本医疗保险待遇核定支付业务运行控制的含义

基本医疗保险待遇核定支付是指经办机构依据医疗保险政策法规，审核支付符合医疗保险基金保障范围的参保人员医疗保险待遇的过程。享受基本医疗保险待遇的条件、待遇支付标准等，须按照《社会保险法》《国务院关于建立城镇职工基本医疗保险制度的决定》（国发〔1998〕44 号）等法律法规以及统筹范围地方政府的规定执行。

二、基本医疗保险待遇核定支付业务运行控制的关键环节

（一）医疗保险待遇核定业务运行控制

办理医疗保险待遇核定业务可能发生的风险有：经办部门和岗位在审核中未发现，或者徇私舞弊放过了定点医疗机构报送的参保住院人员医疗费用中的违规问题；核定部分人员在暂停医保待遇期间发生的医疗费用；信息系统故障原因未及时发现，导致待遇核定出现差错。

经办机构可以采取的控制措施有：（1）完善待遇核定业务流程，设置初审、复审岗位，并明确岗位授权。未经复审岗位复核确认的待遇项目、计算的待遇金额等不能进入支付环节。（2）健全待遇核定审批制度，对申请异地就医、特殊情况转院、需要特殊医疗服务项目等，由经办机构分管业务负责人或会审会议审批。（3）完善信息系统功能，由信息系统自动控制参保人员参保状态及暂停待遇核定期的期限。（4）对已核定医疗待遇的情况进行抽查或回访，发现差错予以纠正。

（二）医疗保险备案登记业务运行控制

办理医疗保险备案登记业务可能发生的风险有：经办岗

位审核不严，为不符合医疗保险基金支付范围的有关申请经办了备案登记；对医疗保险备案登记资料管理不善，导致备案资料遗失，影响核定待遇支付。

经办机构可以采取的控制措施有：（1）健全完善经办岗位权责制度和经办备案登记业务程序，并在信息系统中设置经办岗位操作权限。（2）实行复查监督制度，对转院（包括异地就医）特殊门诊备案实行定期复查，对备案人员是否符合享受条件进行复查再确认。

（三）医疗费用结算业务运行控制

办理医疗费用结算业务可能发生的风险有：基金财务部门编制年度基金支付预算不准确，影响年度基金支付预算管理目标的落实；人为干预基金支付，经办部门、岗位难以认真履行审核费用结算职责；费用结算数据出错，结算费用与定点医疗机构统计的费用不一致。

经办机构可以采取的控制措施有：（1）健全基金支付预算管理制度，加强对预算编制工作的指导，促进预算编制部门提高工作能力。（2）完善信息系统功能，费用结算业务由信息系统自动采集数据、自动结算，避免人为干预。（3）设立基金支付初审、复审岗位，对结算全过程进行审核，经审核无误后报经办机构负责人核批。（4）经办过程中留存的纸质记录或电子记录均存档备查。坚持每月核对一次基金支付账，并通过银行存款余额调节表实行交叉复核，保证账实相符。（5）实行费用结算审核和结算支付复核分级管理制度，由业务部门负责费用结算审核，财务部门负责费用结算复审，通过网络和银行系统完成费用结算支付。（6）内部控制部门定期抽查费用结算相关资料，核对业务、财务凭证与信息系统数据是否一致。（7）建立与定点医疗机构的月度对账制度，及时反馈、处理相关情况。

（四）医疗保险待遇稽核业务运行控制

办理医疗保险待遇稽核业务可能发生的风险有：被稽核对象存在违反“定点协议”和欺诈基金的行为；实施稽核未发现违规问题，或稽核人员存在徇私舞弊行为；稽核取证困难，导致稽核查证无结果；稽核行为不规范，对违反基本医疗保险政策法规的行为没有发挥威慑和遏制作用。

经办机构可以采取的控制措施有：（1）健全稽核监督检查制度，规定稽核人员执行稽核时出示执法证件，并由两名及两名以上工作人员进行；建立稽核日记账，登记稽核事项、执行人员、执行日期，以备需要时查证。（2）实施现场稽核检查时，稽核人员应填写稽核监督检查工作记录，并要求被稽核单位或当事人在记录上签字。（3）每月或每季度对稽核发现的违规情况及处理意见进行汇总，形成书面资料存档备查。

三、案例、分析及警示

（一）案例

某市医疗保险经办机构稽核人员在网上稽核中发现，一定点医院患某种病症的住院病人异常增多。于是稽核人员开展调查，发现该定点医院将患某病种病症应门诊医治的病人都收住入院，并在使用大剂量的高档药物的同时将功效相同的数种药物同时使用。

为查明案情，经办机构邀请了几位医学专家对可疑的住院病历进行了评审，最终认定该定点医院存在过度收住入院和过度检查、治疗的问题。经办机构对该医院的违规行为进行了批评教育，对于收取的不合理医疗费用，按医疗服务协议进行了扣除处理。

（二）分析

医疗保险稽核责任重大。案例中正是稽核人员认真履行职责，才对住院病人突然增多的现象产生怀疑，并开展了调查发现了问题。

（三）警示

加强医疗保险稽核工作是医疗保险经办管理的重要方面，而提高稽核人员的职业素质是关键。为此，经办机构应注意配齐配强稽核队伍，建立健全稽核工作制度，促进稽核人员忠于职守和提高职业素质。

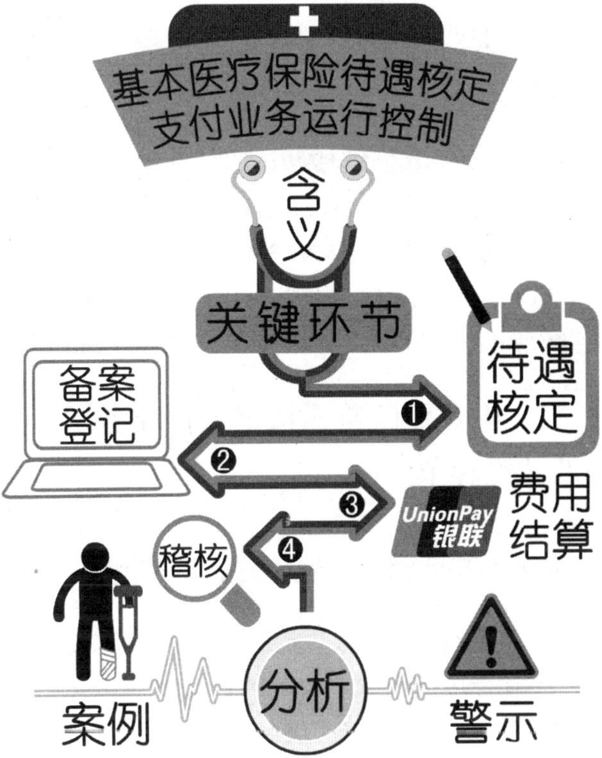

基本医疗保险待遇核定支付业务运行控制

含义

关键环节

❶ 待遇核定

❷ 备案登记

❸ 费用结算

UnionPay 银联

❹ 稽核

案例

分析

警示

第三节 失业保险待遇核定支付业务运行控制

一、失业保险待遇核定支付业务运行控制的含义

失业保险待遇核定支付是指经办机构依据失业保险政策法规，审核支付符合失业保险基金保障范围的失业人员失业保险待遇的过程。享受失业保险待遇的条件、待遇支付标准等，须按照《社会保险法》《失业保险条例》（国务院令第258号）等法律法规以及统筹地区地方政府的规定执行。

二、失业保险待遇核定支付业务运行控制的关键环节

（一）失业保险待遇申领认定控制

办理失业保险待遇申领认定业务可能发生的风险有：申领失业保险待遇人员不属于非本人意愿失业；申领人所在单位及本人没有参加失业保险；失业人员本人没有求职要求，或不接受安排的培训；申领失业保险金人员提供的资料、证件不齐全，或冒充他人前来申领待遇。

经办机构可以采取的控制措施有：（1）经办岗位认真审

核申请资料和证件，发现疑点尤其是情况复杂的应进行调查核实。（2）完善信息系统功能，通过网络或有关信息平台，查证申报单位、申领人缴纳失业保险费等相关信息。

（二）失业保险待遇核定及支付控制

办理失业保险待遇核定及支付业务可能发生的风险有：经办岗位未认真核对查证缴费年限等有关资料；经办岗位徇私舞弊，为申领人故意多核待遇；失业人员在领取待遇期间出现了《社会保险法》等法律法规规定的停止领取情况，但本人或代理人仍在领取。

经办机构可以采取的控制措施有：（1）健全失业保险金核定与支付制度，设置初审、复审岗位，形成制约机制。（2）经办机构应定期对已领取失业保险金人员进行领取资格核查认证。（3）对新增领取失业保险金人员在原单位进行公示，公示期没有举报的即确认失业并按规定发放失业保险金。

三、案例、分析及警示

（一）案例

某企业 10 名职工于 2002 年 3 月被原企业解除劳动合同，于 2002 年 5 月开始领取失业保险待遇。2003 年 5 月达到了特殊工种退休年龄，于 2003 年 6 月办理了退休手续，开始领取基本养老金。由于经办机构经办部门和岗位没有对失业人员数据库进行查询，没有掌握这 10 名参保人员领取失业保险金的情况，致使其一边领取基本养老金，一边还在领取失业保险金。

（二）分析

发生上述情况，主要原因是经办机构的经办人员责任心

不强，导致出现低级差错。经办人员查询一下失业人员数据库，即可发现双领的问题。

（三）警示

一方面要强化经办人员职业素质，增强员工责任感，自觉执行工作制度，严格按照业务流程办事。另一方面要完善信息系统，实现参保人员各险种信息共享，保证实现业务运行管理目标。

第四节 工伤保险待遇核定支付业务运行控制

一、工伤保险待遇核定支付业务运行控制的含义

工伤保险待遇核定支付是指经办机构根据工伤保险政策法规，审核支付符合工伤保险基金保障范围的参保职工因工作原因受到事故伤害或患职业病，且经工伤认定的工伤保险待遇的过程。有关享受工伤保险待遇的条件、待遇项目、支付标准等，须严格按照《社会保险法》《工伤保险条例》等法律法规以及统筹地区地方政府的规定执行。

二、工伤保险待遇核定支付业务运行控制的关键环节

广义理解，工伤保险待遇核定支付业务除包括工伤保险医疗待遇、伤残补助待遇、工亡补偿待遇外，还应包括登记备案、费用结算、稽核检查等业务经办。

（一）工伤保险待遇核定业务运行控制

办理工伤保险待遇核定业务可能发生的风险有：协议医疗机构（包括康复和配制器具协议机构）传递给经办机构的工伤治疗项目、费用等报表数据有差错，经办部门、岗位审核过程中未发现存在的问题，或者是徇私舞弊故意放过了违规行为；审核相同情况的医疗待遇执行的政策标准不一样；异地医疗费用特别是意外伤害的医疗费用审核难度大，对异地医疗机构多记、多收的违规费用难以追回；审核结果出现单数据和汇总数据不一致的情况。

经办机构可以采取的控制措施有：（1）设置待遇核定初审、复核、审批岗位，明确各岗位职责，形成业务经办三审把关的制约机制。（2）建立会审制度，对大额费用和有疑点的救治、检查项目及费用，须通过稽核查证和会审进行核定。（3）审核医疗项目、费用，应认真核对工伤认定、转院等备案登记情况以及病案记录、医生处方、协议机构上传的数据等，发现有关信息不一致的，要按规定稽核查证。（4）健全零星

报销审核审批制度，对审核审批程序、岗位权限以及办事标准等做出明确规定，并公开透明接受内外部监督。（5）完善信息系统功能，全面实行业务结算通过网络和信息系统自动完成。将受理票据数量、金额等纳入信息系统管理，相关票据内部交接时，均需对信息系统内数据进行核对。（6）建立异地工伤保险经办机构间的协查机制，建立与协议医疗机构的月度对账制度，及时反馈、处理相关问题。

（二）工伤保险非医疗待遇核定支付业务运行控制

办理工伤保险非医疗待遇核定支付业务可能发生的风险有：经办人员执行政策有误，导致待遇核定标准有差错；经办人员审核申请资料、证明等不仔细，或信息录入有误，导致核定或信息系统生成的待遇标准错误；经办人员未按政策规定办事，存在徇私舞弊的行为；信息系统故障，调取工伤人员基础信息或备案登记信息等出错，导致待遇核定出现差错；批量调整药品信息时，计算机系统出错；药品库维护人员未在规定时间内完成药品库调整。

经办机构可以采取的控制措施有：（1）健全审核审批制度，实行待遇核定初审、复审和会审制度。（2）规范操作规程，核定丧葬补助金和一次性工亡补助金时，除核实因工死亡人员的基本信息外，还需核对死亡证明、火化证明、户口注销证明等相关资料，并认真审核申领供养亲属抚恤金供养人员条件。（3）严格按规定进行目录调整。根据规定的时间、项目等，指定专人对药品目录、诊疗项目、服务项目进行调整，并由监督检查人员对调整情况进行复核。及时整理新增、修改的项目，并按规定输入信息系统，保证协议医疗机构对照使用。（4）及时调整信息系统中工伤人员待遇计发标准、执行口径等数据信息，防止出现技术差错。（5）内部审计部门（或稽核监督部门）定期或不定期检查待遇核定经办情况。

三、案例、分析及警示

（一）案例

某县社会保险中心工伤保险部门负责人张某在 2006 年 7 月至 2009 年 9 月期间，利用为工伤 1~4 级享受伤残津贴人员经办到龄批转养老保险换发领取存折之便，未对 16 名工伤保险伤残津贴有差额人员的工伤保险领取存折做变更，然后将该存折存放在自己手中，再利用每月发放伤残津贴补差额的职务便利，通过在其每月制作的工伤转退休人员花名册中虚增银行存折账号和金额的方法，累计骗取工伤保险基金 140 余笔，共计人民币 26 万余元。案发后，张某受到法律制裁。

（二）分析

此案暴露了该县经办机构存在严重的经办管理漏洞，致使张某一个人就可以全过程经办由领取工伤津贴转为领取基本养老金业务审核、名册制作等业务，为其谋取私利提供了可乘之机。

（三）警示

一是要规范经办程序，经办跨险种转换支付业务，必须履行报批手续，保证有关业务环节既独立操作，又相互衔接和制衡；经办人员不能直接经办领取人银行账户存折。二是要强化监督检查，经办机构对经办待遇核定支付业务定期实施检查和不定期抽查，促使经办部门、岗位工作人员忠于职守，自觉规范经办行为。三是要提升管理手段，完善信息系统功能，由信息系统自动生成各险种待遇的社会化发放数据并自动比对，减少人为干预。

第五节　生育保险待遇核定支付业务运行控制

一、生育保险待遇核定支付业务运行控制的含义

生育保险待遇核定支付业务是指经办机构依据生育保险政策规定，对女职工因怀孕、生育、计划生育手术而暂时停止工作期间，由生育保险基金保障的生育医疗费和生育津贴进行审核确认和结算给付的过程。

二、生育保险待遇核定支付业务运行控制的关键环节

（一）关于生育保险医疗待遇核定业务运行控制

生育保险医疗待遇核定业务运行控制的重点是要求经办

部门、岗位把住“三关”，即确认用人单位是否按规定缴纳了生育保险费；确认用人单位是否按规定为女职工办理了生育登记；确认生育女职工是否符合计划生育政策和在定点医疗机构就医、生育，以及医疗费用资料、凭证等是否齐全等。

（二）关于生育备案登记管理业务运行控制

生育备案登记是支付生育保险待遇的前提。经办部门和岗位应重点审核《异地就医备案》手续。在异地医疗机构分娩或实施计划生育手术的，填表要有该院医疗保险办公室或医务处填写医院等级和盖章确认。实际情况中易发生经办岗位录入医疗机构等级的差错，对此应建立录入信息复审确认制度，由复审岗位将备案登记的医疗机构等级与权威部门颁布的数据比对，确保无误。

（三）关于生育费用结算支付业务运行控制

应完善结算支付业务流程，对结算支付环节设置初审、复审岗位，分别授予不同的权限，形成相互制约机制。要提高结算支付业务流程的程序化水平，实现信息系统自动提示复核确认。对暂停支付待遇人员，信息系统严格控制其在暂停待遇期间的待遇享受。

（四）关于生育保险待遇核定支付业务运行稽核控制

经办机构的稽核（查）部门应适时对核定医疗费用是否合规进行抽查，对待遇支付标准、程序、方式进行核对；检查业务、财务凭证与信息系统数据的一致性；检查审核相关病案、处方等医疗文书的合规性，以及定点医疗机构传递的

结算数据的准确性。

三、案例、分析及警示

（一）案例

女职工张某在某市某三级医院正常分娩，经办机构审核其生育医疗费，发现信息系统中某医院上传的分娩方式为剖宫产，但本人提供的出院小结中分娩方式为顺产。因两种分娩方式的待遇标准和生育津贴不同，经办审核岗位按程序报告稽核部门，稽核部门到医院查阅了张某分娩时住院的病案，结果证实其分娩方式是顺产。经办机构按顺产的标准核定了张某生育医疗费和支付了生育津贴，并在信息系统中更正了医院传递的错误信息，避免为医院多结算医疗费用。

（二）分析

该定点医院上传的张某分娩方式为剖宫产，经办机构按此结算医疗费，就会多支出生育保险基金。由此可见，核定医疗费业务环节，是待遇结算支付的前提，关系生育保险基金的运行安全，必须健全医疗待遇审核疑点查证制度。

（三）警示

健全生育保险待遇审核、支付核定、稽核检查制度，定期抽查核对待遇审核业务的经办情况，包括审核的有效资料是否齐全完整，核定的医疗费用数额与有关财务凭证、信息系统记录的数据是否一致，发现疑点一查到底。

第六节　机关事业单位职业年金管理业务运行控制

一、机关事业单位职业年金管理业务运行控制的含义

职业年金是指机关事业单位及其工作人员在参加机关事业单位基本养老保险的基础上，建立的补充养老保险制度。职业年金管理业务包括职业年金计划登记、职业年金投资、职业年金支付管理、职业年金个人账户转移、职业年金信息披露、职业年金计划监督等。

二、职业年金管理业务运行控制的关键环节

（一）职业年金计划登记控制

职业年金计划登记是指将各年金计划，组合设置情况，各受托人、托管人、投资管理人的基本信息，受托账户开立

情况等进行登记录入。经办机构年金计划岗位人员负责职业年金计划信息登记，在职业年金业务系统中将信息准确录入，并将与职业年金相关的合同、流程备忘录、补充协议等文件扫描存入业务系统，并在系统中登记受托账户信息。受托人可以通过数据交互口下载计划和组合信息。

经办职业年金计划登记业务可能发生的风险有：经办人员疏忽或系统错误导致信息录入错误并影响相关业务的准确操作。

经办机构可以采取的控制措施有：（1）加强对后台年金计划岗位人员的业务培训，提高操作的准确性。（2）由受托人下载计划信息，核对确认。

（二）职业年金投资控制

职业年金投资包括职业年金估值管理、投资成交准备、待遇成交准备、投资成交处理和投资成交入账。估值管理包括定价日管理和统一估值计算。投资成交准备包括缴费成交准备和待遇成交准备。

每年年初，年金计划管理角色要与受托人确定定价日，在每个定价日之后进行统一估值计算和定期待遇赎回以及投资成交处理。在办理职业年金投资过程中，财务岗位需要对年金归集账户缴费到账情况进行仔细核对，确认无误后由年金岗委托管理角色生成划款通知，财务岗审核后向银行发出指令，将归集户资金划转到受托户。

待遇管理角色在每月成交之前年金生成待遇赎回指令，并仔细核对赎回指令中的相关重点数据和养老保险数据。年金投资成交管理角色确认单位资产净值更新后，核对待遇成交数据和业务线下传递数据，从而完成入账处理。

经办职业年金投资业务可能发生的风险有：统一收益率计算错误、个人账户数据未及时更新并导致单位账户记录不准确、忘记定期待遇赎回。

经办机构可以采取的控制措施有：（1）受托人、托管人双重复核，统接口数据与纸质传真件复核。（2）对个人账户随机抽样进行人工核对确认，减少错误发生率。（3）在业务启动初期人机并行，人工计算投资成交数据。（4）成交处理前由投资成交岗检查待成交数据，与上期待遇支付数据核对，根据委托人提交的支付申请进行支付处理，计算支付权益，做定期待遇赎回。

（三）职业年金支付管理控制

职业年金的支付是指经办机构向职业年金托管人发出待遇支付划款指令，由托管人根据受托人的指令直接向受益人发放职业年金待遇。完成当月投资成交入账后，年金岗待遇管理角色要在系统中生成职业年金待遇支付指令，通过数据交互口传送至受托人，受托人反馈托管人的待遇支付情况，支付系统对支付成功的人员个人账户做记账处理。

经办职业年金支付业务可能发生的风险有：操作错误导致受益人信息录入出错等原因使得待遇支付不成功。

经办机构可以采取的控制措施有：建立二次支付机制。托管人及时向受托人反馈待遇发放情况，并经由受托人反馈到经办部门，由经办部门及时联系参保单位，支付失败账户核实修改信息后重发。

（四）职业年金计划监督控制

经办部门应建立职业年金计划管理监督制度和职业年金计划风险控制机制。年金投资监督角色岗位应根据受托人、托管人投资管理人考核办法建立职业年金计划管理信息台账，及时记录计划管理相关情况。

职业年金计划监督控制中可能遇到的风险有：（1）运营风险。因受托人管理不善、监督不力或违法行为而遭受损失。（2）投资风险。投资决策失误使年金运作结果偏离预期目标。（3）关联交易风险。运营机构间存在控制关系或者在运作流程上相互间有重大影响的市场交易。

经办机构可以采取的控制措施有：（1）对受托人定期进行考核、更换。（2）限制投资范围和比例，要求投管人建立风险控制机制，并计提风险准备金。（3）建立不相容职务分离控制，明确受托、托管、投资各环节的职责权限，岗位分离。

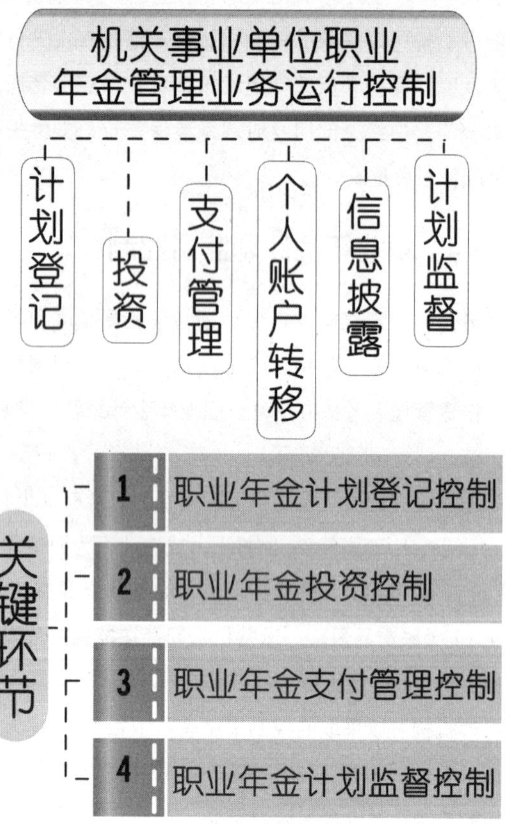
机关事业单位职业
年金管理业务运行控制
计划登记
投资
支付管理
个人账户转移
信息披露
计划监督
关键环节
1 职业年金计划登记控制
2 职业年金投资控制
3 职业年金支付管理控制
4 职业年金计划监督控制

第五章 经办机构基金财务控制

DIWUZHANGJINGBANJIGOUJIJINCAIWUKONGZHI

社会保险基金（以下简称基金）是国家依法设立，为保障参保人员在年老、疾病、工伤、失业、生育时从社会获得经济帮助和补偿，由用人单位和个人缴费以及政府补贴而形成的专项资金。经办机构基金财务控制（以下简称基金财务控制）是经办机构内部控制制度的重要组成部分，是保障基金活动真实合法和有效预防基金运行风险，确保基金安全完整的重要手段。

第一节　基金财务控制的含义与意义

按险种项目划分，基金分为：基本养老保险基金、基本医疗保险基金、失业保险基金、工伤保险基金和生育保险基金。基金财务控制的要求是：认真贯彻执行国家有关法律法规和方针、政策，依法筹集和使用基金；建立健全财务管理制度，努力做好基金的计划、控制、核算、分析和考核工作，并如实反映基金收支状况；严格遵守财务纪律，加强监督检查，确保基金安全。

基金财务控制是指经办机构为确保基金安全与完整，依据政策法规和内部控制规定，对基金筹集、存储、运营、支付过程制定实施一系列财务管理方法、措施和程序的总称。

按照经办管理工作的特点和基金财务管理的要求，基金财务控制主要包括七个关键环节:（1）基金内部会计控制;（2）基金收入环节的财务控制；（3）基金支出环节的财务控制；（4）基金管理环节控制；（5）基金预算控制；（6）基金决算控制；（7）基金财务管理信息系统的控制。

基金财务控制工作的依据有《会计法》、《社会保险基金财务制度》（财社字〔1999〕60号）（以下简称《财务制度》）、《社会保险基金会计制度》（财会字〔1999〕20号）（以下简称《会计制度》）、《会计基础工作规范》（财会字〔1996〕19号）（以下简称《会计规范》），以及国家社会保险制度的相关法规政策。

第二节 基金财务控制的关键环节

一、基金会计核算控制

根据经办机构会计工作特点和财政部《会计规范》有关要求，基金会计核算控制的关键环节主要有以下九个方面：

（一）机构设置与人员配备控制

经办机构应按照《会计法》等法律和行政法规的要求设置基金财务部门和配备财务部门负责人，并根据实际工作需要给财务部门配备数量相当的专职会计人员。

经办机构任用会计人员应当按照《会计规范》规定实行回避制度，基金财务部门负责人和会计主管人员应按照《会计法》《会计规范》以及社会保险行政主管部门的规定进行任免和轮岗。

（二）岗位分工与授权批准控制

一般来说，基金财务部门应按照部门负责人、会计主管、记账、复核、出纳和财务网管等岗位进行分工和授权批准。依据《会计规范》规定，会计工作岗位可以一人一岗、一人多岗或一岗多人，但应当符合内部牵制制度的要求。

（三）会计操作规程控制

基金会计操作规程一般应符合以下要求：

1. 经办管理机构应当按照《财务制度》和《会计制度》的规定，按险种分别建账、分账核算、专款专用、自求平衡，不得相互挤占和调剂。

2. 社会保险基金的会计核算应当采用收付实现制，会计记账采用借贷记账法，会计指标应当口径一致，会计处理方法前后期应当一致，不得随意变更。会计凭证填写错误的，应在履行必要的审批手续后按《会计规范》要求予以更正。

3. 会计记账凭证、会计账簿、会计报表和其他会计资料的内容和要求，要符合《会计制度》的规定，不得伪造和变造会计凭证、会计账簿，不得设置账外账，不得报送虚假会

计报表。

4. 基金会计电算化所使用的会计软件和电子计算机生成的会计凭证、会计账簿、会计报表等会计资料应当符合国家有关规定。

5. 会计档案应当按照《会计档案管理办法》和《社会保险业务档案管理规定（试行）》（人社部令〔2009〕3号）的有关要求妥善保管。会计电算化所生成的有关电子数据及相应软件资料、文字资料等，也应作为会计档案进行管理。

6. 会计年度要严格采用公历制，始于1月1日，止于12月31日。

7. 基金以人民币作为记账本币。

（四）票据及印章管理控制

基金票据和印章要指定专人管理，建立登记、领用、保管、移交、注销制度和程序。银行票据与银行预留印鉴要适当分离，避免由一人保管支付款项所需的全部凭证、印章和密码。

（五）责任分离制度控制

基金财务部门应严格执行《会计规范》和社会保险行政主管部门关于不相容岗位分离的内部控制规定。落实责任分离制度控制，主要包括以下五个方面：

1. 货币、有价证券的保管与账务处理相分离；

2. 重要空白凭证的保管与使用相分离；

3. 基金收入、支付审批与具体业务办理相分离；

4. 基金受理发放或待遇支付与审查批准相分离；

5. 业务信息处理与会计数据处理相分离。

（六）对账制度控制

经办机构财务部门应建立基金对账制度，定期与相关单位和个人等核对基金的收付情况，对于核对不符的账项要及时查明原因并妥善处理。有关各种对账的组织方式、实施周期、问题处理等，经办机构应认真按照《财务制度》和国家、省、市等社会保险内部控制要求执行。

（七）盘点制度控制

基金财务部门应健全基金资产盘点制度，按规定对基金资产进行定期盘点，出现基金资产盘盈或盘亏时，应立即查明原因，进行纠正。现金的收付和管理要严格遵守国务院发布的《现金管理暂行条例》，应及时办理基金存储手续；用基金购买的国债应视同货币资金，按规定管理；暂付款项应定期清理，及时收回。

（八）会计工作交接制度控制

会计人员工作调动或者因故离职（包括临时离职），必须将本人所经管的会计工作全部移交给接替人员，没有办清交接手续，不得调动或者离职。会计工作移交要按照《会计规范》要求编制移交清册，并有专人负责监交，以保证交接工作的顺利进行。

（九）会计人员职业道德规范建设控制

经办机构应建立健全会计人员职业道德教育，如针对会计人员的工作性质、特点等，编制会计人员道德规范学习手册，

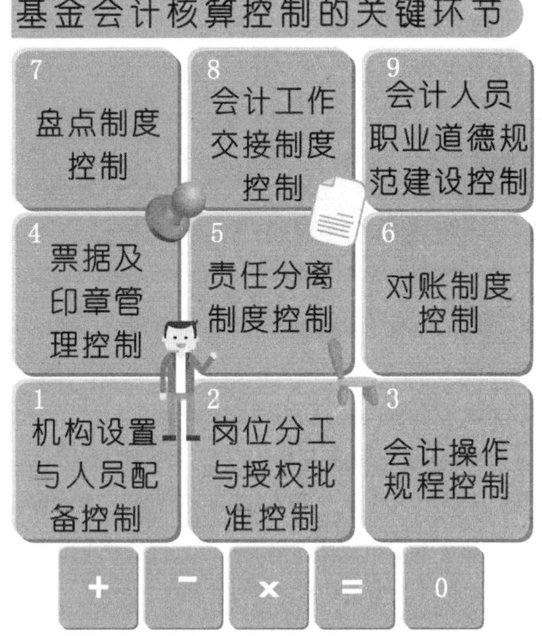

以便于会计人员自学、自我警示和强化道德约束，防止发生道德风险问题。

二、基金收入环节的财务控制

（一）社会保险费征缴收入的财务控制

1. 社会保险费征缴收入控制要素

征缴收入控制应包括以下内容：（1）征缴收入的合法性；（2）征缴收入的完整性；（3）征缴收入确认的及时性；（4）征缴收入的正确分类；（5）基金征缴收入与社会保险缴费记录的一致性；（6）基金财务部门对社会保险业务经办结果的监督与控制。

2. 社会保险费征缴收入控制方法

社会保险费征缴收入控制方法主要包括：（1）按照政策法规和征缴收入管理要求制定财务会计制度，合理设计基金会计核算规程，做到基金收入记账及时、收入分类科学明确、会计核算规范完整、基金债权债务清晰明了。（2）征缴收入要按收付实现制进行核算和确认。（3）社会保险要以货币形式征收，不得以物抵费，不得收取远期票据。（4）履行监督缴费单位和个人申报缴费的职能，通过与缴费单位进行对账等方式对缴费征收工作实施财务监督和会计控制。（5）实现财务核算系统与社会保险业务信息系统的有效衔接。业务操作中凡涉及基金的环节，均应受到财务部门的监督。财务部门没有确认征缴收入前，业务部门不得登记单位缴费记录，不得登记参保人员个人账户。

（二）基金转移收入的财务控制

1. 基金转移收入的控制要素

对基金转移收入进行财务控制的内容主要包括：（1）社会保险关系转移活动是否真实，转移条件是否符合国家相关规定；（2）转移基金的计算口径和方法是否符合国家相关政策规定；（3）基金转移收入是否到账；（4）转移基金与转移人的个人账户信息表所载内容是否一致等。

2. 收入基金转移的控制方法

社会保险关系接续以基金转移为必要条件，基金财务部门应做好如下工作：（1）审核社会保险关系转移资料，确认转移活动真实、合法；（2）核实基金转移金额的计算口径和方法是否符合国家相关政策规定；（3）及时确认基金转移收入，按不同保险项目、转移资金性质做明细分类核算；（4）将基金转移收入信息及时通知业务部门，作为社会保险关系转移接续的依据；（5）按时序登记转移人员信息（或于会计核算时加入转移人员个人信息），以方便转移人员查询；（6）建立经办机构财务转移收入与业务部门社会保险接续环节的牵制关系，在没有确认基金转移收入前，业务部门不得接续社会保险关系。

（三）基金利息收入的财务控制

经办机构应依据有关政策法规及时结算利息收入。基金利息收入的财务控制应包括以下内容：（1）严格按照国家规定对基金进行存储和运营，在确保基金安全的前提下，实现基金保值增值。（2）督促基金存储或运营机构按实结算和支付利息。（3）按国家规定核实基金利息收入的真实性和完整性，落实基金优惠利率政策。（4）按社会保险相关政策、基金会计制度对基金利息收入进行财务核算，做到利息收入确认及时、记账准确。（5）基金利息收入全部并入基金，纳入财政专户管理。

（四）财政补助收入的财务控制

经办机构对财政补助收入的财务控制主要包括：落实补助资金是否按时足额到位，按资金性质准确核算反映；确保补助资金按原性质专款专用，配合财政部门做好基金决算等。

（五）基金其他收入的财务控制

基金其他收入是指依法收取的滞纳金和其他经财政部门批准的收入，以及在经办管理中形成的其他收入，具体包括：

（1）滞纳金收入；（2）防欺诈、防冒领追缴的社会保险待遇；（3）基金资产盘盈收入；（4）其他基金收入等。

基金其他收入要全部并入基金。基金其他收入财务控制的要点主要为：（1）核实收入的合法性，明确收入性质；（2）核实收入的完整性，确保基金其他收入足额入账；（3）核实滞纳金计算过程是否符合国家政策法规要求，追缴被冒领的社会保险待遇是否真实完整；（4）按资金性质准确分类，及时核算入账。

三、基金支出环节的财务控制

（一）社会保险待遇支出的财务控制

1. 社会保险待遇支出财务控制的要素

社会保险待遇支出财务控制的要素主要包括：（1）享受社会保险待遇的条件是否符合社会保险制度的规定；（2）社会保险待遇的核定是否符合国家规定的程序；（3）核定的社会保险待遇是否符合社会保险制度所规定的标准；（4）社会保险待遇的支付形式是否符合国家相关法规政策的要求；（5）如何防范社会保险待遇的欺诈、冒领行为；（6）如何防范社会保险待遇核定、支付环节经办管理人员的道德风险；（7）确保社会保险待遇按时足额支付等。

2. 社会保险待遇支出财务控制的方法

经办机构财务部门在办理社会保险待遇支付业务时，应从以下几个方面实施财务审查和控制：（1）对享受社会保险待遇的资格条件进行必要的审查，尤其是采取柜台支付、面对面支付、报销支付等社会保险待遇支付方式的，社会保险待遇资格审查应作为必要程序。（2）审查社会保险待遇的认定和计算过程是否经过了严格的授权批准。（3）核对社会保险待遇计算结果的准确性，审核无误的，由财务主管人员在支付凭证上签字确认，发现社会保险待遇计算有误的，财务

部门应在支付凭证上签注意见后返回业务部门。（4）积极参与并审核社会保险待遇代发（支付）机构的资质审查。（5）定期监督和考核代发机构履行社会保险待遇发放责任的情况，对不能按约定要求履行发放责任的机构，要终止其代理资格。（6）严格执行“收支两条线”政策，开立并按规定正确使用“基金收入户”和“基金支出户”。（7）及时处理社会保险待遇支付不成功业务。如发生支付不成功，基金财务部门应尽快查明原因，并将该业务转回原经办部门进行修改和完善，并尽快进行二次支付。（8）及时准确核算待遇支付数额，确保支付准确无误。（9）定期报告社会保险待遇支出情况。基金财务部门应定期编制社会保险待遇支付情况报告（报表），按要求报送相关管理部门和单位领导。

（二）基金转移支出的财务控制

基金转移支出的财务控制主要体现在如下几个方面：（1）审核社会保险关系转移是否符合国家社会保险法规政策，对于不符合转移条件的，基金财务部门应予退回；（2）审核“社会保险关系转移信息表”所载基金结算信息是否准确，提高基金转移结算成功率；（3）审核转移基金的计算口径和方法是否符合国家相关规定，基金转移额计算结果是否正确；（4）社会保险关系和基金的转移凭证是否经过授权审批，经办人、复核人、审批人签注意见是否完备；（5）对于符合规定的基金转移业务，要在规定的时限内办结基金转移手续；（6）基金财务部门应对基金转出业务编制序时登记簿，或在会计核算时加入转移人员名称、单位名称等摘要信息，以方便转移人员查询；（7）及时确认基金转移支出，按不同保险项目、转移资金性质做明细分类核算；（8）建立经办机构财务核算系统与业务经办系统的信息交流，基金转出信息应及时通知业务经办部门；（9）对退保申领社会保险资金的业务，要严格审核退保资料，不符合国家规定的，一律不予办理退保、退资金手续。

（三）基金其他支出的财务控制

基金其他支出是指经财政部门核准开支的其他非社会保险待遇性质的支出。自基金实行“收支两条线”管理以来，基金支出的范围得到了明确的界定，非社会保险待遇性质的支出几乎不再存在。从这个意义上讲，如果发生基金其他支出，财务部门更应进行严格的审查，以确定基金支出的合法性和会计核算的恰当性。

四、其他基金管理环节的财务控制

（一）基金资产管理的财务控制

基金资产是指基金在筹集、管理、使用过程中形成的现金、银行存款（含收入户存款、财政专户存款、支出户存款）、有价证券、实物和基金债权、暂付款项等。基金资产的管理目标为：规范基金资产管理行为，保证基金资产安全完整，保持基金资产流动性特征，防范基金流失、挪用、贬值风险等。

1. 加强基金现金和有价证券管理

现金的收付和管理要严格遵守国务院发布的《现金管理暂行条例》，建立健全现金的内部控制制度。同时，要创新工作机制，给参保人员提供更多的结算平台和途径，尽量避免现金结算，降低结算风险。用基金购买的有价证券和尚未兑付的远期结算票据应视同货币资金管理，采取安全可靠的方式进行存储和保管。

2. 加强基金银行账户管理

为了确保基金安全，防范基金管理风险，国家对基金的开户银行进行了严格的限制，基金收入户、基金支出户、财政专户只能开设在国有商业银行，同一个经办机构的基金收入户和支出户在同一商业银行只能各开一个结算账户。

3. 严格执行“收支两条线”规定

基金实行收支两条线管理，专款专用。经办机构开设基金收入户和基金支出户，财政部门开设基金财政专户。财政专户、收入户和支出户在同一国有商业银行只能各开设一个账户。收入户只收不支，支出户只支不收，财政专户实施监督控制。

4. 基金调拨与调剂的控制

基金调拨与调剂的控制重点为：基金调拨与调剂必须符合政策规定的要求；基金调拨与调剂要符合授权批准和规定的办理程序；基金调拨与调剂会计核算要及时准确、定期对账，并建立基金存量的动态报告制度，随时掌握基金运行情况和安全情况。

（二）基金欠费管理的财务控制

欠费管理与清收是基金财务管理的重要内容，经办机构应从以下几个方面做好对基金欠费管理的财务控制：（1）协同业务部门做好缴费单位和个人欠缴社会保险费的确认和记录工作。（2）建立欠费单位数据库，对欠费单位实行动态跟踪、分类管理，全面掌握欠费单位情况以及欠费金额、欠费原因和缴费能力等信息。（3）建立社会保险费清欠工作责任制，完善考核机制。（4）寻求并建立部门联动机制，利用多方力量加大依法清欠力度。

（三）基金保值增值工作的财务控制

基金保值增值工作的财务控制应重点体现在以下几个方面：（1）在现行政策范围内，严格按照法律法规、政策进行基金存储和投资运营活动；（2）办理基金转存或购买国家债券等，严格执行授权审批程序，避免暗箱操作；（3）严格会计核算。

（四）基金往来管理的财务控制

加强基金往来管理的财务控制要做好以下几个方面的工作：（1）正确识别与核算基金往来款项，做到债权债务确认

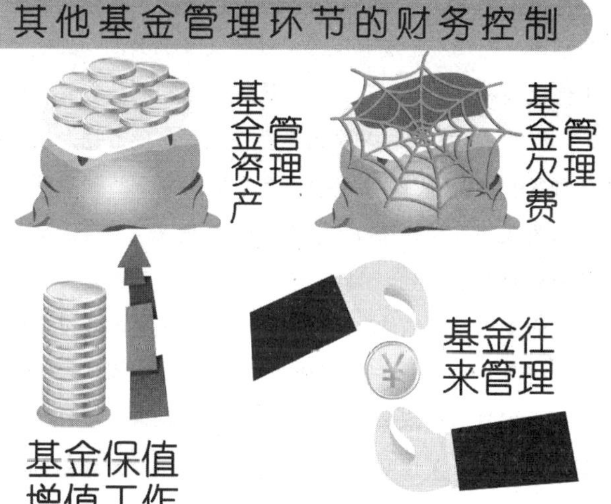

准确、核算清楚、入账及时。（2）定期核对往来账项，对账内容包括往来款项的发生时间、内容、笔数、余额等。往来对账要编制详细对账表，对账表经往来双方逐笔核对后，由双方财务负责人签字并加盖财务章分别归档留存。往来账项核对不一致的，要及时查找原因并更正。（3）及时清理并监督收回基金债权，定期清理并偿付基金负债。（4）加强基金债券监控与管理，发现债务方偿付困难或发生其他影响债权回收的情况，要及时报告并采取措施防止基金损失。

五、基金预算控制

基金预算按险种分别编制，每一险种又分为收入预算和支出预算。基金收入预算的编制应综合考虑统筹地区上年度基金预算执行情况、本年度经济社会发展状况，以及社会保险工作远期和当期规划等因素，通过科学预测社会保险参保人数、缴费人数、单位和个人缴费基数等基础数据，按照不同险种的缴费比例，并参考基金平均收缴率测算预算期的基金征缴收入、基金转移收入、基金利息收入、基金调剂收入和基金其他收入等。

基金支出预算的编制应综合考虑统筹地区本年度享受社会保险待遇人数变动、经济社会发展状况、社会保险政策调整，以及社会保险待遇标准变动等因素。在上年度享受社会保险待遇对象存量、人均享受社会保险待遇水平等因素基础上，充分考虑本年度相关因素变动情况进行编制。社会保险非待

遇性支出预算要严格执行社会保险政策和管理制度规定。

经办机构应严格执行基金收支预算，并定期向本级行政主管部门和财政部门报告执行情况。社会保险费由税务机关征收的，基金收入预算批复税务机关和经办机构，税务机关应严格按照批准的预算和规定的程序执行，并定期向本级财政和社会保险行政主管部门报告执行情况。

基金预算不得随意调整，在执行中因特殊情况需要增加支出或减少收入的，应当编制基金预算调整方案，并按规定的程序报批，经批准后方可进行调整。

六、基金决算控制

为了做好基金决算编制工作，财务部门应按照规定做好基金年终对账、基金资产盘点、基金往来的清理和结账工作。编制基金财务报告要保证数字真实、计算准确、内容完整、手续齐备、报送及时。要按规定对基金财务情况进行分析与评价，包括对基金预算执行情况分析、基金收支运行情况分析、社会保险待遇水平分析、基金保障能力分析、基金保值增值分析、基金运行效率分析以及基金财务管理综合评价等。

七、基金财务管理信息系统的控制

一般来说，基金财务管理信息系统建设应当符合以下要求：（1）按规定选择国家财政部、人力资源和社会保障部认证的财务管理系统；（2）尽量选择市场保有量大、售后服务好的软件产品；（3）如需进行财务软件本地化改造，不得违反《财务制度》和《会计制度》的要求；（4）积极创造条件，实现社会保险财务管理系统与业务系统的一体化；（5）按照内控的要求进行财务管理岗位设置和系统授权，明确各岗位、人员的权限和职责；（6）制定并严格执行财务系统操作管理制度，防范基金管理风险；（7）制定并严格执行硬件和软件管理制度，维护财务管理系统安全等。

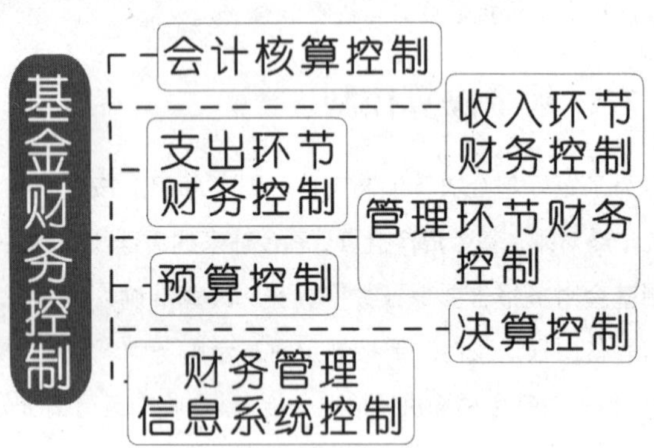

第三节 基金财务控制应注意的问题

经办机构除了要求全体员工增强基金管理运行安全意识，忠于职守认真履行岗位职责外，还应注意解决好以下几个问题。

一、配足基金财务会计岗位

经办机构必须按照法律法规和规章要求，以及经办管理业务发展的实际需要，健全基金财务管理部门，设置、配齐财务主管、会计、出纳等专业岗位人员。

二、纵向开展基金财务检查

在各级经办机构横向自我落实基金财务控制的同时，上级经办机构应适时组织实施对下级经办机构落实基金财务控制制度情况的纵向监督检查。

三、客观分析基金运行状况

经办机构应安排内控监督检查人员直接参与编制财务报告的过程，对基金财务部门使用数据等资料的真实性、完整性予以审核确认，把基金财务控制落实到具体的工作环节之中。

四、注重学习其他经办业务

比如学习熟悉基金征收、待遇核定等业务的流程和操作规程，掌握各项业务与基金安全与完整的相关关系。特别是要求基金财务部门人员要熟练掌握社会保险的政策法规，保证在实际工作中能正确行使基金财务控制职责。

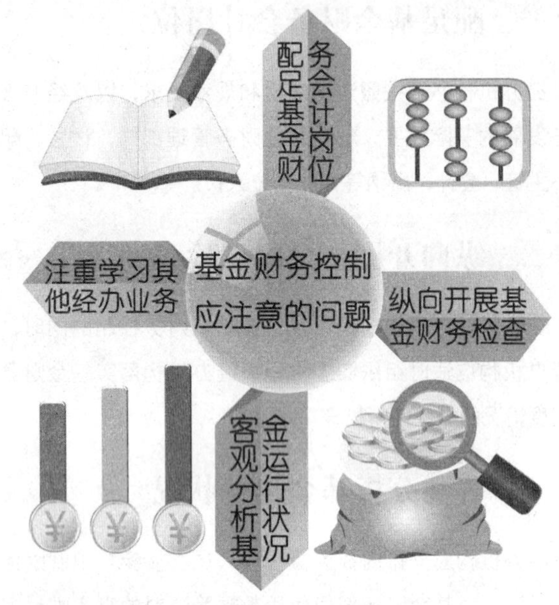

五、案例、分析及警示

（一）案例

某市职工医疗保险结算中心成立于2000年，成立伊始就建立了一整套的基金财务管理工作制度。但在实际工作中，该经办机构的财务部门并没有认真执行所制定的各项财务工作制度。2005年，该中心主任和财务科长合谋，采用截留银行承兑汇票的手法，将企业缴纳的2000余万元医疗保险费转

移到亲戚、朋友名下进行个人投资，结果造成基金损失，两人也因此受到法律制裁。

（二）分析

分析该案，有如下特点：（1）制度形同虚设。从案情看，该经办机构建立了基金财务工作制度，不过实际工作中没有执行这些制度。（2）内部监督失效。该案中的两个人物一个是单位的一把手，一个是财务部门的一把手，两人私欲膨胀、沆瀣一气侵占基金，致使该经办机构的内控监督彻底失效。

（三）警示

（1）执行制度是关键。经办机构应把工作重心放在狠抓落实上，有布置、有检查、有评价，及时发现和纠正存在的风险问题。（2）经办机构应严格执行财务操作规范，形成正常有序的基金财务、会计工作氛围。（3）提高人员素质是根本。经办机构应重视和坚持不懈地强化组织文化建设，用诚实守信等思想品德教育影响和强化员工的价值观。

第六章 经办管理信息系统控制

DILIUZHANGJINGBANGUANLIXINXIXITONGKONGZHI

经办管理信息系统（以下简称信息系统）运用计算机、通信、网络等信息技术手段，实现社会保险经办数据的高度集中，为不同险种业务经办提供了操作和管理应用程序。经办机构必须制定有效的措施加强对信息系统的内部控制，为社会保险经办管理服务提供可靠的技术支撑。

第一节 信息系统控制的含义

信息系统控制是指对信息技术风险进行评估和管理，保障信息技术活动规范有序开展，进而为社会保险业务经办提供有效支持的过程，包括一系列的制度、组织方法、程序和措施。

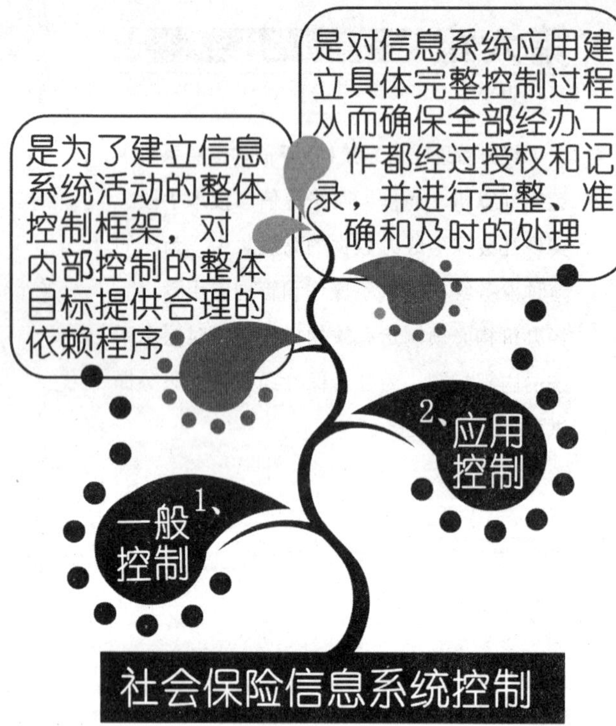

社会保险信息系统控制可以分为一般控制和应用控制两部分。一般控制是为了建立信息系统活动的整体控制框架，对内部控制的整体目标提供合理的依赖程序。应用控制则是对信息系统应用建立具体完整控制过程，从而确保全部经办工作都经过授权和记录，并进行完整、准确和及时的处理。

第二节 信息系统控制的关键环节

一、信息系统组织与管理控制

（一）主要风险

在系统建设方面：对信息系统认识不足，人为压缩开发周期，对系统维护不力，对新业务、参保数据的迅速增加估计不足，以及建设和维护资金匮乏、人员力量不足和水平有限会对系统运行的可靠性造成影响。

在组织结构方面：经办机构未建立信息系统管理机构（包括设置信息维护岗位）、对信息开发过程缺乏参与、无法独立维护系统对经办工作的顺畅运行会产生影响；信息系统安全管理制度不健全，员工行为约束不足，可能会导致各种违规行为发生；岗位职责划分不明晰，未实行岗位轮换制度等，会削弱相互制约机制，影响内控执行的有效性。

在审计监督方面：信息系统审计监督机制不够完善，信息系统的开发、维护、应用及管理情况缺乏审计监督，会导致对信息系统开发、管理及应用人员行为的制约不足，造成经办机构内部控制工作形同虚设。

（二）控制措施

1. 建立专门的信息系统管理机构

配置健全的信息技术管理部门，负责对信息系统的建设和维护管理工作，以保障经办管理工作高效运转；同时负责有关信息系统建设的综合协调工作，对其他部门在信息系统控制中的角色和责任做出规定并充分沟通，与其他相关职能部门、业务部门等形成合力，形成不同部门之间的相互支持、相互牵制的内部控制机制。

2. 对信息系统的不相容职务进行分离

首先，信息技术部门和业务部门的职责要分离，即所有业务记录与财务记录的改变和错误数据的改正均需要获得授权，信息技术部门只允许改正在输入、处理和输出过程中由于操作疏忽而引起的错误。其次，信息技术部门在编程岗位、操作岗位和数据库管理岗位的职责应相分离，编程岗位不能随意更改已交付使用的程序和已交付的文档资料，以避免舞弊行为的发生。

3. 进行合理的岗位分工

明确规定职务权限，不同职务权限人员的配备与交替要考虑到安全性及工作效率，针对不同的系统管理岗位，配备不同的管理人员。建立重要岗位的双人负责制或关键岗位人员备份制，并重点加强对单人单岗的监控。

4. 对人员录用、培养和辞退建立必要的控制

在人员录用环节应挑选具有良好业务素质和职业道德的人，进行相应的保密教育；在员工提出辞职时，要及时解除其所具有的权限，同时要求其对经办管理工作的有关信息做出保密承诺。

5. 设置满足控制要求的组织流程

建立信息系统开发、变更、维护和操作流程，要把明确的业务记录、岗位之间的牵制、上下级之间的审核签字等作为流程的一部分，对数据的一致性操作权限给出明确规定，特别是针对业务操作人员给出操作手册，实现组织流程控制的目的。

6. 建立完善的安全管理制度

建立并完善包括系统操作制度、安全防范制度、网络管理规定、物理和环境安全管理制度、数据安全管理制度（重要业务及敏感数据保护、共享、备份制度等）、信息系统项目开发规范等在内的安全管理制度，形成合理的信息安全策

略，以指导经办管理信息安全工作。

7. 加强信息安全审计

加强信息安全审计，包括对正在建立的系统或新的应用开发项目进行预先审计或检查，检验系统或开发项目是否符合安全要求，对建成后的系统或开发完成后的项目进行事后审计。

8. 建立信息技术内部人员监督体系

建立信息技术内部人员监督体系，包括上下级之间的监督关系和存在相互制约关系的同级之间的相互监督，以及采用必要的技术监控手段，实现对信息技术人员重要操作行为的监控，并定期对监控日志进行检查。

二、信息系统开发、测试、上线与转换控制

（一）主要风险

不论是自主开发还是委托开发，信息系统建设过程中都要经历需求调研分析、系统规划分析、系统开发测试、系统实施等几个过程，这些过程都存在导致日后系统出现错误、造成损失的风险。

在需求调研阶段，存在开发人员对社会保险经办管理业

务不熟悉，导致其对经办业务需求认识存在局限性，编写出的程序编码可能存在错误的问题。

在系统开发测试阶段，一是缺乏必要的授权监督和质量管理，导致应用系统不能保证业务需要，以及应用系统漏洞较多等。二是系统测试时未能发现系统本身存在缺陷或安全漏洞，导致系统上线后出现系统软件、应用程序错误或功能模块故障等问题；三是系统上线前未备份应用程序和数据库，或者在新旧系统转换的过程中，当前系统无法对原有系统的资料进行转换，导致原有资料不可用。

（二）控制措施

1. 系统开发环境控制

系统的开发必须遵循《计算机软件开发规范》（GB 8566–88）等国家有关部门制定的标准和规范；系统开发人员只能在开发系统上工作，业务用机不得用于系统开发，不得含有源程序、编译工具、连接工具等。

2. 需求调查与分析控制

在系统开发工作实施前，要进行充分的业务需求调查，技术部门要广泛征求业务管理部门和具体操作人员的意见，从计算机处理、业务操作和系统整体的有效性等多方面考虑。信息系统介入业务，在对原有业务进行电子化的同时，还要对业务流程进行再造，使业务流程得到进一步优化，达到有效内控的效果。对于用户提出的需求，要进行详细的分析，用明确的文档格式正确地表达出来，编制成“需求说明书”。

3. 授权控制

在信息系统开发过程中，对项目建议、系统分析、系统设计到系统实施的每一个阶段，都必须经有关人员审批授权。一是高层管理人员从经办工作整体角度考虑开发新系统的必要性，并在系统开发的各个阶段做出进入下一阶段的批示。二是要得到业务部门的参与与批准。每一阶段工作完成后，用户方代表要参加阶段性的评审工作。

4. 质量控制

在系统开发过程中，经办机构应指派至少一名质量监督人员专职负责软件项目，同时按照质量控制规划和要求，对测试计划、测试说明、测试结果记录和测试分析报告的内容进行评审，保证测试工作满足规定要求。

5. 文档管理控制

系统开发的各个阶段都应形成相应的文档。社保信息系统在日常运行中，经常需要适应业务变化而调整和再开发，也必须由专人对各期文档进行审核、保管和更新，以更有效地对文档实施管理。

6. 系统测试控制

信息系统在投入使用前要完成整体测试和用户验收测试，

并按照测试计划进行测试数据的确定以及实施测试。测试方案由应用系统的使用人员和系统专业人员共同制定，测试要求程序编写者以外的人员进行，并要有使用人员参与；测试结果要得到开发部门以及经办机构的相关负责人认可；测试结果的记录以及测试数据要妥善保存。当系统测试出现重大技术或逻辑偏差时，应对系统设计进行重新评估，在进行系统修改后必须重新利用以前的测试用例进行严格的再测试工作。

7. 系统上线及转化控制

信息系统应选择不影响系统运行的时段实施上线，上线前必须经过内部评审，确认系统功能、测试及试运行结果均满足设计要求，技术文档齐全，并确保已备份当前应用程序和数据；系统上线时应做好人员和设备等资源的整合配置以及初始数据的安全导入，并做好日志记录，保证新旧系统的转换有序进行；系统上线后应对旧版本的源程序进行归档，并清晰标明投入使用的日期与时间。

为防止未经授权而更改文件，确保转换结果完整准确，必须对系统转换工作实施控制。旧系统的数据文件转换到新系统后，新系统文件的记录要追踪到旧系统文件的相应记录，进行审查核对，以确保无误。新系统还要与旧系统同步运行一段时间，以保证系统的可行性和合理性。

三、信息系统维护控制

（一）主要风险

在进行系统维护时，如果维护人员没有足够的专业水平和经验，可能对系统引入新的错误。如果维护人员道德素质低，在系统中植入“后门”程序，会给系统的运行带来安全隐患。如果维护人员未按规定对系统的软、硬件进行安装、补丁、升级和备份，或者未定期测量、记录监控系统的运行情况，可能导致系统故障的频繁发生。

（二）控制措施

1. 授权与批准控制

系统维护应该有严密的标准规程，明确规定工作人员的权限。系统操作人员和使用者对于系统功能有任何修改要求和业务需求时，都必须有正式的维护或修改请求、授权形式和程序。系统维护人员需经过授权，非系统维护人员不得接触到程序的技术资料、源程序和加密文件，以降低系统被修改的可能性。系统维护人员改变生产代码和数据的特权受到一定的限制，并定期进行评审；决定授权的程序和被授权维护人员的名单都须有文件加以证明，所有维护人员必须遵守相关保密规定，维护人员的活动应记录在维护日志中并长期

保存，以备日后检查。

2. 系统维护过程控制

系统维护必须经过周密计划和严格记录，应评估维护请求对现有系统的影响，并对维护过程的每一个环节设置必要的控制。执行维护工作时，应取得该程序和程序文档的一个备份进行修改。修改过的程序在投入使用前，系统主管人员应组织技术人员对系统的修改部分进行测试和验收，验收通过后，将修改的部分嵌入系统，取代旧的部分，并及时向操作人员和所有使用者发出通报，指明新的功能和修改过的地方。

维护人员应登记所做的修改，更新相关文档资料，并保留所有与测试程序相关的文档，按照程序修改的规范建立有关文档，全部维护工作完成后应更新有关文档，保存系统维护前后的文档资料。

3. 数字证书的维护控制

使用数字证书要有申请、审核、批复、有效期等环节的相关管理规定，并有专门机构根据管理规定对数字证书进行有效管理。

各级业务主管单位及个人申请数字证书需填写相关申请表，并在申请表中注明所申请的业务类型，经领导审批并加盖部门公章后报主管单位进行数字证书的审核及发放工作。在数字证书有效期内，单位和个人应妥善保管私人电子密钥及电子密钥的密码，做到随用随插，不用时将其拔下随身携带。

证书的更新需由证书使用者向上一级业务单位提出申请，审核无误后，由证书主管部门给予更新。当数字证书中的信息发生重大变更，以及数字证书有丢失、损坏或被盗用、伪造及篡改的情况发生时，应及时到证书主管部门办理证书吊销手续，并重新申请或补发证书。数字证书的使用者调离业务系统工作岗位时，应立即吊销其数字证书。

四、信息系统应用控制

（一）主要风险

人员素质方面，如果新招录人员未经充分培训即上岗，则他们对信息系统不熟悉，在经办工作中往往出现误操作。

权限控制方面，如果对信息系统访问及操作权限缺乏控制，就会给个别道德低下的经办人员舞弊的机会，达到骗取基金的目的。

系统管理方面，如果信息系统未设置业务时序控制，或控制不严密，一些关键业务环节就会因缺乏制约而出现疏漏；如果对信息系统数据提取与更改不做控制，将会出现数据信息修改的随意性，甚至舞弊行为；如果信息系统缺乏完善的操作日志，业务经办人员的操作行为将缺乏制约，难以对舞弊行为进行事后监督，从而增加违规操作的可能性。

（二）控制措施

1. 操作规程及原始单证审核控制

建立信息系统操作规程，对业务处理过程中的具体操作步骤、数据一致性、操作权限做出明确规定，特别要针对业务操作人员制定操作手册，并在进行培训后方允许上岗操作。

为保证输入数据的可靠性，必须对原始单证进行审核，对入库数据的合格性进行检查。业务处理人员应根据审核无误的单证输入有关业务数据，保证生产库数据与纸质数据一致。

2. 系统访问及操作权限控制

建立严格的数据访问控制措施，通过数字证书和密码对数据资源的访问人员进行限制，对用户的创建、变更、删除、口令长度和时效均要有严格的控制；确保个人密码和认证工具的保密性，严禁不同岗位人员交叉用户权限；操作人员要定期更改密码，离开工作现场前锁定或退出已运行程序；更换操作人员必须及时修改密码、撤销或变更权限。

应用程序中要设置操作权限授权功能，对业务操作人员要根据岗位、工作性质、涉及的内容，按照不相容岗位相制约的原则，设置与之相适应的操作权限，保证业务经办的依法合规和信息系统安全。

3. 输入、输出数据的正确性与完整性控制

对输入的数据要采用人工核对和计算机自动校验两种方

式进行正确性控制，检测输入数据是否合乎逻辑，并对输入数据的完整性进行控制。对不符合逻辑的数值，系统应自动报警提示。对于输入到系统中的错误数据，应用系统应提供改正和重新输入的功能。

对于信息系统的输出数据，可利用数据间的对应关系，对数据处理的正确性实施检查。如批量生成的养老待遇增加额，要校验待遇调整人员与调整待遇条件相关的信息。

4. 操作日志与业务时序控制

建立数据库日志，保留完整的操作痕迹，使业务处理具有可复核性和可追溯性，防范内部人员利用职务之便擅自修改数据。对于敏感数据，还可以增加审计系统，对其进行主动性的监控。

在应用系统处理业务的过程中，许多经办业务处理都是有顺序关系的，违反顺序的处理可通过预先设置的检查来发现。

5. 数据提取、更改与交换控制

数据的提取与更改应经过本部门主管领导与信息管理部门的审批，并要提供提取和更正数据的原因、数据项目的详细说明。在与外单位进行信息交换时，为防止电子数据在传输过程中发生数据篡改、遗失、泄密等情况，必须通过一系列安全保密的规范给以保证，如电子签名、电文认证、密钥管理等。

五、系统安全控制

系统安全控制涉及计算机设备和机房的安全、网络系统的安全、应用程序的安全、数据库系统及数据的安全等，还包括各种规程、规章的建立与执行以及涉密信息和设备的操作规范等。

（一）主要风险

社会保险数据由信息系统存储，如果缺少对风险的防范措施将无形加大风险程度。如果网络建设滞后或者未安装必要的网管文件，未设置专人负责网络问题的受理和处理，可能造成网络堵塞、服务器瘫痪的问题。如果与互联网相连的数据库无相应的安全机制，会使数据库受到黑客攻击或数据被盗取。

（二）控制措施

1. 信息安全等级保护

根据信息安全等级保护的定级原则和《信息安全等级保护管理办法》的规定，社会保险信息系统属于三级安全范畴，需要开展等级测评服务工作，以进行专门管理。因此，社会保险信息系统从系统的规划、设计开始，到实际应用和维护阶段，都要注意贯彻和实施安全等级保护控制。

2. 实体安全控制

实体安全控制措施主要包括：合理选择计算机房的场地，机房建设应符合国家有关标准，出入机房应有严格的审批程序和出入记录，设立适当的温度、湿度控制，防火、防雷、防水系统，设立监控系统，保证各种硬件和储存介质的安全；建立适当的网管系统，有效地管理网络的安全、故障、性能、配置等，并加强与合作单位联网、互联网的安全控制，即业务处理机与外网隔离，并制定详细的应急预案。

3. 软件安全控制

严格按照操作规程运行软件，信息系统中的所有软件都应规定安全属性，并进行登记注册，系统软件和应用软件都应妥善保管，建立安全备份，并将备份软件存入防火、防水、防霉及防磁的安全环境。

4. 数据安全控制

为防止非法访问，要对用户存取数据权限进行确认，仅让授权用户访问系统，保证信息系统中数据的完整性、安全性、正确性，防止合法用户有意或无意地越权访问，防止非法用户入侵。

建立数据安全规程，对于系统中的数据应规定各种人员的使用权限。使用系统的工作人员的口令要经常更换，当员工辞职、终止工作或调离工作岗位时，应及时废除其口令。

对于个体性数据和金额性数据等关键、敏感的数据要着重加以保护。

5. 系统入侵防范控制

在建立内联网时，要对网络的服务功能和结构布局进行详细分析，通过专用软件、硬件和管理措施，实现应用系统与外部访问区域之间的严密数据隔离，建立内外两层防火墙，限制外界对主机操作系统的访问，及穿过访问区域对内联网，尤其是对应用系统的访问。还要加强安全运行监测，及时发现网络系统安全漏洞和受到攻击情况，主要通过网络安全扫描和入侵监测来实现。网络安全扫描主要基于端口扫描措施发现系统可能存在的缺陷，入侵监测主要通过检测入侵与正常访问的不同特征来决定是否受到攻击。

6. 病毒防范控制

建立多层次的病毒防卫体系，具体包括：建立基于集中控制的防病毒系统；在系统的每个台式机上安装防病毒软件；对病毒库进行定时自动升级；对拷贝的文件进行实时扫描；定期进行全盘扫描和杀毒；加强员工教育，提高员工的计算机安全意识，不要将与工作无关的软件随意安装在生产区网络内的计算机上；必要时还可以设置终端管理系统，以监控网络关键计算机的软件及配置情况。

六、灾难恢复控制

（一）主要风险

信息技术控制活动中，一些技术的、管理的或操作的方法不可能完全消除信息系统存在的脆弱性，仅仅依靠数据备份无法满足经办业务的需要。诸如地震、火灾等自然灾害可能会损坏已备份的数据，对信息系统运行造成影响，从而产生风险。

（二）控制措施

1. 备份与恢复控制

备份与恢复是最低等级的灾难恢复控制，也是对系统数据及程序安全最基本的保障。信息系统必须建立备份与恢复制度，对系统软件和数据文件实施有效的备份，如果系统发生故障和有关数据文件被毁损，可以利用备份文件恢复系统和数据。对系统的数据要定期备份，并至少拷贝两份，存放在不同地点妥善保管。

建立完备的测试系统，将备份数据定期恢复到测试系统中，并对所恢复数据的正确性进行检验，以确定备份数据的真实性和有效性。

对备份后的数据要实施全面的安全管理，所有的数据备

份都应进行登记，妥善保存管理，防止被盗、破坏和误用。重要的数据备份还应进行定期检查和复制，保证备份数据的完整性、实用性和有效性。

2. 建立灾备中心

灾备中心应安装有与第一工作场所处理能力相当的计算机系统，当某一中心发生灾难时，可以在另外的计算中心进行有关的业务处理，将灾难所引发停机的时间缩短。

用于恢复的备份数据文件、程序和系统的文档资料应远离机房，存放在灾害影响不到的地方，确保灾难发生后可以依靠所做的备份恢复系统。

3. 建立灾难恢复队伍和进行灾难恢复演练

在灾难发生后，要尽快恢复系统，必须建立一支高效的灾难恢复队伍，灾难恢复队伍中各成员应明确角色与责任，一旦发生灾难，可以有条不紊地指挥并进行灾难恢复工作。

对于灾难恢复系统和灾难恢复队伍，应制订完备的灾难恢复演练计划，并进行定期演练，保存每一次的演练记录。在灾难恢复计划中，应针对各种恢复方式，写明其每个恢复流程的步骤，以便指导灾难恢复工作。

第三节　信息系统控制应注意的问题

面对不断新增的社保经办需求，组织建设可靠、高效的信息系统控制体系，成为各级社会保险行政部门和经办机构的一项重要工作。

一、统筹布局信息系统控制点

经办机构信息系统建设是一个体系，要根据实际情况进行内控功能布点。例如，对系统权限的设置、密码保护、相关权限的互斥和制约、网络安全措施、基本的硬件设施保护、数据的备份和恢复等，这些控制点是信息系统必备的，不能缺失遗漏，但对因经费支持不够等原因难以实现的内控点，如建设灾难恢复系统，可以暂缓设置，用辅助方式实现内控

目标。

二、适时完善信息系统控制

经办机构完善信息系统控制，主要从机制上、方法上和技术上三方面入手进行。第一，健全与信息系统发展联动的内控监督机制，内控部门应时刻注意信息系统的变化情况，在信息系统硬件、软件大规模更新前就要制订或修改相应的内控检查计划。第二，关注信息系统监控及安全方面的更新方案，适时在信息系统中加入或完善实施机控的相关措施，以最大限度地发挥信息系统自身控制作用。第三，注意听取计算机专业人员提出的完善信息系统建设的建议，根据他们的意见增加或修改原有的控制点，将新内容融入控制范围之中。

三、建立信息系统内控专项检查制度

要建立社会保险经办机构的信息系统内控功能监督检查制度，自上而下地定期进行信息系统功能测试检查评估，或组织针对信息系统的某一方面进行内控功能专项检查。

实施专项检查之前，组织单位应认真制订检查计划，并充分做好组建检查队伍、明确任务责任和有关技术准备等工作。检查后，要根据记录以及复印被检单位的特定文档等资料，对照相关规范以及系统设计要求进行评估，综合分析后得出最终评定性的结论。

信息系统控制应注意的问题
1
统筹布局信息系统控制点
2
适时完善信息系统控制
3
建立信息系统内控专项检查制度

第七章 内部控制监督检查

DIQIZHANGNEIBUKONGZHIJIANDUJIANCHA

经办机构内部控制监督检查（以下统称内控监督检查），是经办机构内部控制体系的有机组成部分，是促进各业务职能部门和经办岗位落实内部控制制度的重要措施。经办机构应结合实际建立健全内控监督检查制度，并有计划地实施监督检查活动。

本章主要介绍内控监督检查的含义、遵循原则、内容范围、检查方法、检查程序以及应注意的问题。

第一节 内控监督检查概述

经办机构内控监督检查包括三个方面：自我监督检查、民主监督检查和专门监督检查。自我监督检查是指各职能部门、岗位人员自我评估和改进；民主监督检查是指建立内部沟通渠道；专门监督检查是指经办机构设置监督检查部门，对所属的各个业务部门、各个岗位履行经办管理职责状况，实施相对独立的监督检查活动。专门监督检查包括内部审计活动在内，属于内控体系中的一种再监督活动。

本章内控监督检查指专门监督检查。

一、内控监督检查的含义

经办机构内控监督检查是指由经办机构稽核（查）部门（或专门机构）具体实施，对经办机构中各项内控制度措施的合法性、科学性及执行的有效性，进行风险评估和监控等一系列检查活动的总称。

二、内控监督检查遵循的原则

内控监督检查除了应当遵循内部控制的合法性、完整性、制衡性、有效性等一般性原则外，还要注重以下原则：

（一）独立性原则

经办机构应明确授予监督检查部门具有独立开展调查问询、独立核查业务资料和独立报告检查情况的权利等，以确保监督检查部门独立行使监督检查权。

（二）系统性原则

内控监督检查时应注重运用全面的观点，构建全方位、严密有效、有机统一的内控监督检查体系。

（三）风险导向原则

实施监督检查应对经办业务的各个环节的风险点进行全面分析和评估量化，根据每项经办风险危害的大小及其相关性，确定监督检查的重点部位、重点业务和重点环节。

（四）以人为本原则

经办机构开展内控监督检查工作应当坚持以人为本的原则，主动营造有利的控制环境，引导和激励所有工作人员正确履行职责，提高监督检查效能。

三、内控监督检查部门的职责权限

（一）内控监督检查部门的职责

1. 贯彻落实社会保险各项法律法规政策以及本地区、本部门有关内控工作的规定和部署。

2. 拟订本地区、本部门内控监督检查工作办法、规程和年度工作规划。

3. 参与经办管理运行业务流程、操作规程和基金管理的各项规则制定，并提出风险预警和内控管理的意见和建议。

4. 负责实施对本地区、本部门内控运行情况的监督检查评估工作，包括对组织机构控制、业务运行控制、基金财务控制、信息系统控制等方面的检查评估工作。

5. 收集整理本地区、本部门内控监督检查的相关数据和结果，分析评估内控运行中的问题，并提出具体改进意见，形成综合报告，呈报有关领导和部门。

6. 指导下级经办机构内控监督检查部门开展监督检查工作，并对下级内控监督检查工作开展情况和效果进行检查。

（二）内控监督检查部门的权限

根据《社会保险经办机构内部控制暂行办法》规定，内控监督检查人员在实施内控监督检查时可以行使下列权限：

1. 要求被检查的部门提供检查所需资料

内控监督检查需要对经办工作中所形成的业务档案和资料数据进行汇总和分析，被检查部门和岗位应按规定予以提供并配合检查。

2. 检查、查阅、复制有关资料

根据内控监督检查的需要，检查人员可以对涉及检查项目的所有业务材料进行查阅或复制。

3. 对检查事项有关问题进行调查询问

检查人员对一些不明确的问题可以进行调查询问，向所

有知悉情况的人员了解问题，以便全面正确地分析风险问题，出具客观公正的检查意见和整改建议。

4. 对违反内控制度的行为做出临时处理决定

特殊情况下，内控监督检查人员有权做出临时性处理决定（如责成业务人员暂停或延缓基金支付），以便及时阻塞漏洞。与此同时，内控监督检查人员应及时向主要领导报告有关情况。

第二节　内控监督检查的内容范围

经办风险渗透在经办管理的各个环节，因此内控监督检查的内容和范围涵盖了经办管理的各个环节。

一、检查评估组织机构控制情况

组织机构的构建涉及机构设置、职责职权、决策执行、人员管理等一系列事关经办机构平稳运行的基本架构。组织机构控制检查评估的关键点有：

（一）是否建立完善的组织决策控制制度

具体内容包括：是否按照经办业务的程序、方法、操作规程和原则，建立各种规则制度和组织机构；各组织及岗位的职能是否有明确的岗位说明书等书面文件予以明确；不相

容岗位是否相互分离，并体现相互制约和监督；决策程序设置是否科学、公开，决策、执行及结果反馈的流程是否顺畅、完善等。

（二）是否建立完善的人事管理制度

具体内容包括：各岗位人员的配备，是否符合岗位说明书所规定的资格和条件；是否建立了人员轮岗、任职回避、学习培训、考核奖惩等制度，并按照各项制度的要求严格执行等。

（三）是否建立领导授权制度

具体内容包括：是否按照经办业务的范围和功能，建立以局部风险控制为内涵的内部授权审批制度；授权是否按照与工作性质、岗位职责相对应的原则进行；授权是否以书面形式予以确认，并逐级下达；日常经办工作是否严格按照授权规定执行；对超越权限的行为是否有责任追究措施并付诸实践等。

（四）各内设部门间的信息传递是否流畅

具体内容包括：经办机构各层级是否有明细的汇报与信息传递程序；机构设置及职能分配是否有利于信息的传递，上级的指令能否得到准确有力的执行，经办机构的每个人员是否能够积极参与内控管理，并将自己的意见畅通地向上级部门表达等。

二、检查评估经办业务运行控制情况

对经办业务运行内控情况进行监督检查，是实现经办管理目标的重要保障。内控监督检查人员应认真履行职责。业务运行控制检查评估的关键点有：

（一）业务规程和业务流程是否完备和有利于执行

具体内容包括：关键业务环节是否制定了符合内部控制规范要求的操作规程和工作制度，每一项业务流程的各个环节是否体现了相对独立、相互衔接、相互牵制的内控管理要求，以及对业务流程中的风险点是否有明确的应对措施，经办人员是否都能熟练掌握等。

（二）办理参保登记、变更、转移手续是否完备

具体内容包括：业务相关证明材料是否齐全，各类资料的管理是否符合规定，对终止参保人员的个人账户和待遇支付是否及时做出处理等。

（三）社会保险基金征缴是否合规

具体内容包括：缴费基数核定是否符合法律规定和业务操作规程；制订月征缴计划是否及时、准确；是否按规定对参保单位进行年审，发现的问题是否能及时整改；征缴部门是否与财务部门按规定定期对账，记账凭证与缴费收据是否一致，时间是否统一，征缴部门是否建立了征缴管理台账，及时掌握欠费情况；经办人员对征收款项是否及时记账，及时进行业务处理，账款是否相符等。

（四）个人账户管理是否合规

具体内容包括：是否按规定计算个人账户利息，并及时准确记录个人账户，账款是否相符；是否定期与参保单位或个人核对个人账户；终止缴费的是否建立标志并及时处理；在办理记录和变更、转移、封存、停保个人账户等重大数据修改事项时，是否由不同部门进行初审、复审，经分管领导签字后进行处理等。

（五）待遇审核是否准确

具体内容包括：待遇或费用结算的审核、复核的资料是否齐全，有关审批手续是否完备；待遇核定的标准是否准确等。

（六）待遇支付是否准确及时

具体内容包括：是否严格执行社会保险待遇领取资格确认制度，特别是对异地居住人员待遇领取资格的确认；是否对定点医疗服务机构等进行协议管理，各项管理措施是否落实；是否对待遇支付信息进行复核后发放待遇；待遇支付审批程序是否健全完善等。

（七）业务档案管理是否符合规定

具体内容包括：是否建立业务档案资料管理制度；是否严格执行业务经办资料留存、归档、立卷和保管的规定；是否配备专人负责档案管理，档案室的设施能否保障档案的安全等。

三、检查评估基金财务控制情况

对基金的财务控制是内控监督检查的重中之重。基金财务控制检查评估的关键点有：

（一）基金管理制度

具体内容包括：是否认真执行国家规定的会计制度及操作规程，是否落实了会计负责人（主管）、记账、复核、出纳等岗位责任制，是否落实了会计人员的回避制度等。

（二）预（决）算管理

具体内容包括：预算调整是否有完备的审批手续，是否有事实依据；决算编制调整账目是否附有说明和审批手续等。

（三）收支管理

具体内容包括：基金收支是否按规定实行“收支两条线”和财政专户管理；基金收支银行账户的开立是否符合国家的规定，征收的社会保险费是否按规定存入财政专户；基金收支账户是否按险种分设；基金收支是否按险种分别建账、分别核算；原始凭证、记账凭证是否合法有效；更正会计记录是否有依据，并详细记录在案；对收支情况是否实行分级授权，是否有审核、复核和审批手续；是否存在会计人员越权处理账务等。

（四）对账情况

具体内容包括：是否建立与财政、银行的对账机制；是否指定专人核对银行账户，编制银行存款余额调节表；银行存款与会计账表等是否一致，能否做到账账、账表、账单相符；是否指定专人按月核对财政专户银行账户，编制财政专户银行存款余额调节表。

（五）收据管理

具体内容包括：基金专用收据、空白凭证是否有专人负责保管，收据领用和填写用途及范围是否按规定办理，收据是否按规定缴销、销毁并办理审批手续等。

（六）岗位分离制度

具体内容包括：是否建立不相容岗位相互分离制度，是否严格执行货币、有价证券的保管与账务处理分离，空白凭证的保管与使用是否分离，资金收支的审批与具体业务办理是否分离，会计处理与业务经办、信息数据处理是否分离，出纳员是否兼任稽核、会计档案保管和收入、支出、费用、债券债务账目的登记工作等。

（七）印鉴管理

具体内容包括：银行预留财务用章、人名章、票据是否由专人分别保管；印章使用是否符合规定的用途、范围，审批手续是否完备等。

四、检查评估信息系统控制情况

信息系统的安全准确与否，直接影响经办管理服务效率和质量，经办机构应高度重视对信息系统控制情况的检查评估。信息系统控制检查评估的关键点有：

（一）软件开发

具体内容包括：应用程序需求是否由使用的业务部门提出，并符合有关管理制度规范；系统开发是否按需求设置了保密系统和相应的控制机制，并保障系统的可复制性；系统投入运行前是否经过业务、监督检查等相关部门的试验运行和测试，并出具验收报告；系统投入运行后是否进行经常性的定期检查，并制定有数据恢复措施等。

（二）信息管理

具体内容包括：是否按照国家有关社会保险信息系统建设的标准，规范业务系统和数据库，并结合本地实际制定与业务流程相匹配的信息系统操作流程等管理制度；是否明确了业务操作人员、系统维护人员的职责和权限；是否按信息系统操作流程的规定录入、修改、访问、使用、维护数据，并建立应急处理预案；是否严格执行社会保障卡管理、发放、加密认证制度等。

（三）安全管理

具体内容包括：是否按规定建立了计算机场地设施安全管理制度；是否将有关数据及相关资料及时备份，建立数据远程备份机制；是否将业务系统与外部互联网完全隔离，互联网计算机是否保存涉密信息；是否建立信息系统和网络安全防护系统，并对计算机病毒实时进行检测等。

（四）计算机处理业务的操作痕迹

具体内容包括：是否建立了计算机处理业务的操作留痕功能，信息系统处理事项是否具有可复合性、追溯性、责任认定性和责任追究制度等。

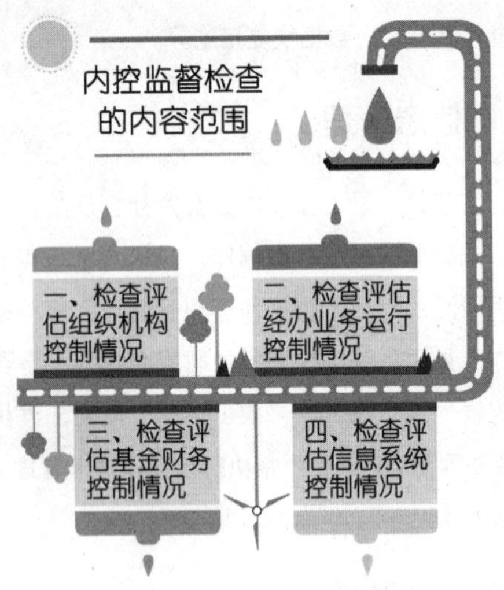

第三节　内控监督检查的形式、方法和程序

规范的检查程序，可有效地防止检查人员在检查中徇私

舞弊、滥用职权，确保检查结果客观公正。有效的检查方法，能使检查人员迅速抓住要害，提高检查效率，增强检查的准确性。由此可见，规范的检查程序和有效的检查方法是有效开展内控监督检查工作、确保内控监督检查工作客观公正的基础。

一、实行监督检查的形式

（一）根据内控监督检查的场所不同，内控监督检查可分为现场检查和非现场检查

现场检查侧重于对经办业务资料和基金管理凭证的审查；非现场检查侧重于对报表和计算机数据的分析，对发现异常情况及时预警。

（二）根据内控监督检查的内容不同，内控监督检查可分为日常性检查、专项检查和举报检查

日常性检查的计划应涵盖经办运行的各个环节，并将对这些环节的检查分解到周、月、季、年度检查计划中去；专项检查是根据工作中发现的高发性、倾向性问题，集中人力、集中时间对特定的内容进行专门检查；举报检查是根据群众举报及其他渠道获悉的线索，对特定事项进行的检查。

（三）根据检查时序的选择不同，监督检查可分为事前检查、事中检查和事后检查

事前检查是通过各种报表、数据等信息，对内控运行情况进行评估预警；事中检查是业务经办或基金运行过程中对经办的合规性和准确性进行的检查；事后检查是在经办业务完成后，对其经办质量进行的符合性检查。

二、实施监督检查的方法

开展内控监督检查主要采用以下方法：询问法、查阅法、观察法、对比法和信息系统监控法。

询问法指检查人员以口头发问方式直接向被检查部门的管理人员和其他有关人员询问有关问题。

查阅法指检查人员按检查评估的范围、内容、标准查看被检查部门的有关文件资料，以判断文件合法性和业务资料的准确性。

观察法指检查人员通过实地查看被检查对象的业务活动和内部控制情况，以判断经办人员业务操作的规范性和准确性。

对比法指检查人员将提取的相关资料，按规定的要求分析整理后，与经办数据库中该项业务的原始数据进行对比，以确定该项业务操作的准确性。

信息系统监控法指检查人员利用信息系统统计并筛选出

操作中的异常行为，有针对性地到实地进行检查。

三、实施监督检查的程序

内控监督检查分为上级经办机构检查部门对下级经办机构内控执行情况进行的检查，以及内控监督检查部门对同级业务经办部门内控执行情况所进行的检查两种形式。

（一）上级经办机构检查部门对下级经办机构内控执行情况的检查

上级经办机构检查部门对下级经办机构内控执行情况进行的检查，往往是针对重点内容进行的专项检查，其检查大致分为准备、检查和督促整改三个阶段。

1. 准备阶段

准备阶段的工作内容主要有：制定检查方案、成立检查组、收集整理相关资料等。

（1）制定详细的检查方案。除事先通知将会对内控监督检查造成不良影响的情形外（如受理举报并由上级机构直接进行的监督检查等），检查方案确定后，内控监督检查部门应当及时将方案印发给相关被检查单位，要求被检查单位准备好检查所需要的资料，并做好自查工作。

（2）成立由抽调的专业人员组成的检查组。确定检查组组长及每个检查组的被检查单位名单。

（3）收集整理相关资料。主要包括检查所适用的政策规定、被检查单位以往的检查情况报告和近期报送的相关业务报表和计算机分析数据等。根据收集的资料，检查组初步确定对每个被检查单位的检查思路和重点。

2. 检查阶段

检查阶段是检查组具体开展检查的阶段，是整个检查工作程序中最重要的阶段。

（1）听取情况汇报。逐步对被检查单位社会保险的内控措施、经办人员素质、应对风险的能力等做出一个概括的评价。

（2）提取数据资料。检查人员通过查阅、询问等多种方式复制相关证据资料，并对检查的每一环节逐一记录。必要时，检查组还可以对经办机构的服务对象，以及定点零售药店和定点医疗机构延伸检查。

（3）审核对比数据。根据提取的资料数据对检查事项逐项审核对比，既包括对业务资料准确性的审核对比，也包括对业务结果数据的审核对比。

（4）听取陈述申辩。审核完成后，检查人员应将初步审核结果告知被检查单位，听取被检查单位对有关问题的陈述和申辩，并根据被检查单位陈述申辩的情况和被检查单位补充提供的相关资料，对初步审核结果进行复核。

（5）当面反馈意见。复核完成后，检查组应制作检查意见书，将检查中发现的问题和整改要求向被检查单位当面反馈。如在检查中发现较为严重的违法违规行为的，检查组应及时将检查情况上报，经研究后再予以反馈。

3. 督促整改阶段

检查人员应与被检查单位及时沟通，了解整改的进度和整改中存在的问题，督促被检查单位及时整改。被检查单位整改完毕后，应及时将整改后的资料报送检查组。

上级经办机构在检查评估中发现的问题，要建立动态管理机制，跟踪整改落实，对涉嫌发生违法案件的经办机构，省级经办机构要在案件发现一个月内，对其内部控制进行检查评估，且当年内控监督检查定为不合格等级。

对经办人员不遵守内控制度而造成不良后果的，应视情节轻重追究相应行政责任，并予以相应处罚；情节严重构成犯罪的，依法追究刑事责任。

（二）内控监督检查部门对同级业务经办部门内控执行情况的检查

内控监督检查部门对同级业务经办部门的内控执行情况的监督检查包括对内控制度执行情况的监督检查和对制度运行情况的风险评估，其检查程序主要包括检查准备、实施检查、评估报告、完善整改四个阶段。

1. 检查准备阶段

内控监督检查部门的工作内容主要有：确定检查范围、

确定检查人员、收集整理相关资料、分析确定风险点、拟定具体检查方案、送达检查通知等。

（1）确定检查范围。按照年初制订的内控监督检查计划或者上级安排的专项检查任务，以及群众举报的线索，内控监督检查部门要确定检查的范围。

（2）确定检查人员。内控监督检查部门在开始检查前要确定检查负责人和成员，由负责人主导整个检查活动。

（3）收集整理相关资料。检查人员应当及时查阅涉及检查范围的内控制度，收集近段时期涉及该检查范围的业务报表或计算机分析数据等。

（4）分析确定风险点。根据收集到的资料和所需检查项目的业务运行流程图，分析查到检查项目存在的风险点，并确定检查重点。

（5）拟定具体检查方案。根据收集整理的资料和风险点分析，拟定包括检查范围、检查时间、检查重点、检查方式、特殊情况的处理等内容的检查方案。

（6）送达检查通知。正式开始检查前，监督检查人员一般应按规定提前将检查的有关内容、要求、方法和需要准备的资料等事项通知被检查部门。但有特殊情况或其他不宜事前通知的事项时，可不事先通知被检查部门。

2. 实施检查阶段

实施检查阶段的主要内容有：

（1）调取相关数据资料。检查人员通过询问、调阅、复制、照相等方式，调取被检查单位相关的数据资料，并认真记录检查的每一个环节，整理成检查记录，让被检查岗位经办人员核对签字确认。

（2）核对相关数据，判断内控制度设计和运行的有效性。检查人员根据事前列出的风险图表，对风险点逐项进行复核，从而判断被检查单位相关业务数据的准确性，以及相关内控制度执行的有效性。

（3）与具体业务经办人员进行信息沟通交流，听取被检查单位的意见，了解和分析问题产生的原因以及相应的解决或预防措施。

3. 评估报告阶段

（1）分析评估。分析评估既包括对已出现问题的环节中涉及的制度和程序漏洞的分析，也包括对虽然尚未出现问题，但已对经办操作和政策的正确执行造成隐患的潜在风险的评估。

（2）制作内控监督检查报告，报领导审批。报告内容包括：检查时间、被检查部门、检查的内容、检查的过程、检查中发现的问题、分析评估的意见以及整改建议等。

4. 完善整改阶段

检查人员应积极督促被检查单位将内控监督检查中发现的问题和漏洞及时整改到位。一是送达检查意见书，督促落实。

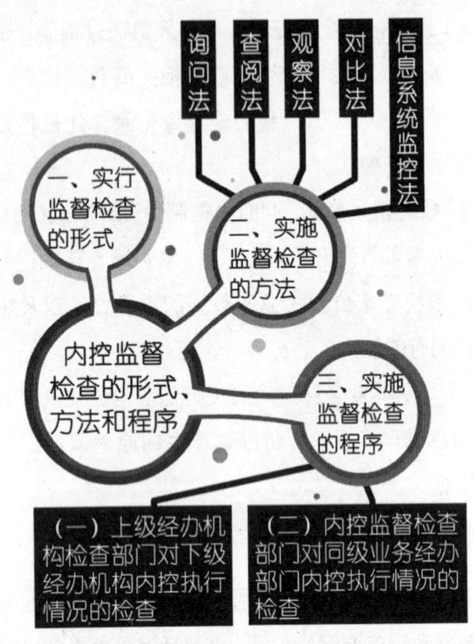

二是对整改情况进行复查，实地落实整改情况。三是落实内控奖惩制度，起草有关文书等。

第四节　内控监督检查应注意的问题

加强经办机构内控监督检查部门的组织建设，配齐配强监督检查人员，健全监督检查工作机制，适时创新监督检查方法，是实现内控整体目标的客观要求。

一、加强经办机构内控监督检查部门的组织建设

要设立专门的内控监督检查部门，尤其要健全市、县两级经办机构的监督检查组织。要积极向行政主管部门反映工作需求，争取增加必要的人员编制，以保证内控监督组织发挥其应有的作用。

二、配齐配强监督检查人员

经办机构应重视选配与工作要求相适应的人员从事内控监督检查工作。内控监督检查人员应当具有高度的事业心和责任感，具备全面的专业素质，还应熟悉政策法规，能够正确应对和处理遇到的风险情况。

三、健全监督检查工作机制

首先，应建立一套科学完善的监督检查制度，内容应当涵盖检查主体、检查的内容、检查的程序和方法、检查人员的权利和义务、检查结果的报告和使用等保障内控监督检查客观公正开展的各项内容，以制度保障实施监督检查工作的权威性、规范性和长效性。

其次，要制订监督检查年度工作计划，计划包括日常性的监督检查和不定期的监督检查。日常性的监督检查要求检查部门按年、季、月、周制订检查计划，并按计划组织实施。

不定期的监督检查要求根据一段时间内经办工作中出现的倾向性问题，或者计算机系统监控出现的异常信息组织人员集中进行。制订不定期抽查监督计划，对抽查监督启动的条件、检查频率、抽查的范围等内容应予以明确。

最后，要建立监督检查绩效考评体系，以便客观衡量监督检查工作绩效。

四、适时创新监督检查方法

随着经办管理理念的转变和经办内容的不断扩展，以及

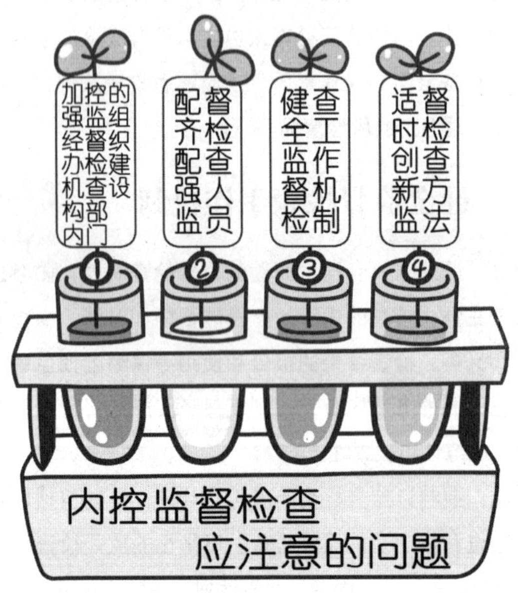

经办手段的逐步信息化，创新监督检查方法成为提高内控监督检查能力的必然要求。例如在检查整改阶段，应当全面分析产生问题的原因，统筹考虑整改的可能性以及对相关环节的影响，创造性地提出解决问题的方法和措施，而不能为整改而整改。